꿈 심리학

〈꿈 심리학〉은 M. D., Eder(1866-1936)가 영어로 번역한
'Dream Psychology-Psychoanalysis for Beginners'를 옮긴 것임을 밝힙니다.
또 〈꿈 심리학〉은 2009년 5월 출간한
〈프로이트 꿈의 심리학〉을 다시 다듬은 책입니다.

꿈 심리학

초판 1쇄 발행　　2017년 9월 20일

원제　　　　Dream Psychology
지은이　　　지그문트 프로이트
옮긴이　　　정명진
펴낸이　　　정명진
디자인　　　정다희
펴낸곳　　　도서출판 부글북스
등록번호　　제300-2005-150호
등록일자　　2005년 9월 2일

주소　　　　서울시 노원구 공릉로63길 14, 101동 203호(하계동, 청구빌라)
　　　　　　(139-872)
전화　　　　02-948-7289
전자우편　　00123korea@hanmail.net
ISBN　　　　978-11-5920-069-4 03180

지그문트 프로이트

꿈 심리학

- Dream Psychology -

서문

의료계가 보수적인 것은 너무나 당연하다. 인간의 생명을 안전이 보장되지 않는 실험의 대상으로 삼아서는 곤란하다. 하지만 사람들이 자신의 게으름에 대한 평계로 보수적인 성향을 내세울 때가 자주 있다. 또 급변하는 환경에 적응하기가 만만찮을 때 보수적인 성향을 방패로 삼는 경우도 더러 있다.

지그문트 프로이트(Sigmund Freud: 1856-1939)가 무의식의 영역에서 많은 것을 발견했다는 사실을 처음 공개했을 때, 그에게 쏟아졌던 조소 섞인 반응을 떠올려 보라. 그가 수년 동안 끈기 있게 관찰한 끝에 발견해낸 사실들을 갖고 마침내 의료계의 전문가들 앞에 서기로 결정했을 때, 의료계는 그를 처음에는 비웃었고 나중에는 괴짜로 여겨 피했다. 그때 프로이트가 공개한 사실들은 프로이트 본인의 꿈과 환자들의 꿈에서 거듭 일어나는 것들을 바탕으로 한 것이었는데도 전문가들의 반응은 싸늘하기 짝이 없었다.

당시에 '꿈 해석'이라고 하면 많은 사람들의 머리에 불쾌하고 비과학적인 것부터 먼저 연상되었다. 지금도 그런 인식이 완전히 사라지지 않았다. '꿈 해석'이라는 두 단어는 사람들로 하여금 온갖 종류의 유치하고 미신적인 개념을 떠올리게 만들었다. 무지하고 원시적인 사람들이나 관심을 보이는 '해몽' 정도로 치부되었던 것이다.

프로이트가 대중 앞에 내놓은 연구 결과는 여러 면에서 두드러졌다. 디테일에 세심하게 신경을 쓰고, 무엇이든 설명하지 않은 채로 그냥 흘려보내는 일은 결코 없을 것이라는 식의 연구 자세가 시간이 흐르면서 진지한 과학자들에게 강한 인상을 남기기에 이르렀다. 그러나 프로이트가 증거로 제시한 자료를 검토하기 위해서는 무엇보다도 열정적인 노력이 반드시 필요했으며, 열린 마음이 전제되어야 했다.

지금도 프로이트의 저작물에 낯설어하는 전문가들을 쉽게 만나는 이유도 바로 거기에 있다. 그들은 자신의 꿈이나 환자들의 꿈을 해석해 보겠다고 나설 만큼 그 주제에 관심을 충분히 쏟지 않은 사람들이다. 이런 전문가들이 프로이트의 이론을 비웃으며 프로이트가 하지도 않은 말까지 지어내면서 그의 이론을 폄하하는 경우가 더러 있었다.

그런 사람들 중에서 보리스 시디스(Boris Sidis: 1867-1923) 교수 같은 사람은 프로이트의 결론과 비슷한 결론을 내려놓고도 정신분석 관련 간행물을 무시했던 탓에 자신의 관찰보다 앞선 관찰에 대한 공로를 프로이트에게로 돌리지 않곤 했다.

꿈의 해석이라는 주제에 한 번도 관심을 두지 않은 탓에 꿈을 연구하는 것을 우습게 여기게 된 사람들만 있는 것이 아니다. 꿈 연구가 밝혀내는 사실들을 아예 직시하려 들지 않는 사람도 많다.

꿈은 우리 자신의 생물학적 진실에 관한 불쾌한 이야기를 많이 들려준다. 그렇기 때문에 매우 자유로운 정신의 소유자들만이 그런 이야기를 기꺼이 받아들여 자신의 것으로 소화시킬 수 있을 뿐이다. 꿈 해석이라는 투명한 환경에서 자기기만은 아주 빨리 시들어 버리는 식물과 같다.

마음이 나약하거나 신경증(심리적 원인에 의하여 정신적 증상이나 신체적 증상이 나타나는 질환/옮긴이) 증세를 보이는 사람들은 자신의 정신의 컴컴한 구석에 그처럼 밝은 탐조등을 비추기를 원하지 않는다.

프로이트의 이론은 절대로 이론적이지 않다.

프로이트는 환자들의 꿈과 정신적 비정상 사이에 언제나 밀접한 관계가 있는 것처럼 보이는 사실에 강한 호기심을 느꼈다. 그리하여 환자들로부터 수 천 개의 꿈을 수집하여 그것과 자신이 이미 확보한 사례를 비교하는 작업을 벌였다.

프로이트는 처음부터 어떤 편견을 갖고 연구에 착수하지 않았다. 자신의 관점을 뒷받침할 증거를 찾기를 원한 것이 아니었다는 뜻이다. 그가 꿈과 정신적 장애의 관계를 수없이 살피게 되자, 그의 표현을 빌리면 "꿈들이 나에게 뭔가 이야기를 들려주기 시작했다."고 한다.

꿈의 연구에 임하는 그의 태도를 달리 표현하면 통계학자와 비슷하다. 자신이 모으고 있는 정보가 자신에게 어떤 결론을 내리게 할지도 모르고, 또 결론을 예측할 수단도 전혀 갖고 있지 않은 상태에서 어떤 결론이든 전적으로 받아들일 태세가 되어 있는 그런 통계학자 말이다.

프로이트의 연구 방법은 심리학에서 정말 특이한 것이었다. 심리학자들은 언제나 스위스 정신의학자 오이겐 블로일러(Eugen Bleuler: 1857-1939)가 '자폐적 방법'이라고 부른, 증거가 하나도 뒷받침되지 않는 방법으로, 자신의 뇌에서 매력적인 가설을 끌어내려는 경향을 보여 왔다. 마치 로마 신화에 전사(戰士)와 시(詩), 지혜의 신으로 등장하는 미네르바가 완전 무장을 갖춘 상태에서 유피테르의 머리에서 나오듯이 말이다.

그런 뒤에 심리학자들은 유연성이라고는 전혀 없는 가설의 뼈대 위에다가 자신들이 그전에 죽인 어떤 실체의 가죽을 억지로 펴서 덮었다. 이렇듯 공허하기 짝이 없고 인위적인 구조들을 철학적인 사고로 받아들이는 사람들은 똑같이 왜곡으로 고통을 받고 있거나 자폐성을 가진 사람들이다.

프로이트가 꿈의 심리학에 관한 혁명적인 견해를 발표했을 때는 아직 '유효하게 작용하는 것이면 무엇이든 진리'라는 실용적 관점이 제대로 정착되지 않은 상태였다.

프로이트가 꿈을 해석한 끝에 얻은 결론들 중에서 세상을 뒤흔들어 놓은 다섯 가지 결론은 다음과 같다. 먼저, 어떤 사람이 꾼 꿈의 일부와 그 사람이 꿈을 꾸기 전에 깨어 있는 상태에서 산 삶의 일부 디테일 사이에 일관된 연관성이 있다는 점을 프로이트가 지적했다는 사실을 꼽아야 한다. 이것이 잠을 자는 상태와 깨어 있는 상태 사이의 어떤 관계를 확고히 했으며, 그때까지 널리 통했던 관점, 즉 꿈은 어디서 오는지도 모르고 어디로 흘러가는지도 모르는 터무니없는 현상이라던 인식을 버리도록 만들었다.

둘째, 프로이트는 꿈을 꾼 사람의 삶과 사고방식을 연구하고 또 그 사람의 독특한 버릇과 은밀한 생각을 드러내는 행동의 무의미해 보이는 디테일까지 다 기록한 뒤에 다음과 같은 결론에 도달했다. 모든 꿈에선 의식적이거나 무의식적인 어떤 소망이 실현되거나 시도된다는 것이다.

셋째, 꿈에 나타나는 장면들 중 많은 것이 상징적이라는 점을 프로이트가 입증해 보였다. 이 상징적인 측면 때문에 사람들이 꿈에 대해 부조리하고 황당하다는 입장을 보이지만, 훈련을 잘 받은 사람들에게는 상징들이 그 보편성 때문에 매우 분명하게 보인다.

넷째, 프로이트는 성욕이 무의식에서 엄청난 역할을 한다는 점을 보여주었다. 이 성욕의 역할을 청교도적인 위선자들은 완전히 무시하지는 않아도 늘 최소화하려 들었다.

마지막으로, 프로이트는 꿈과 정신 이상 사이에, 그리고 꿈속의 상징적인 장면들과 정신적으로 혼란한 사람들의 상징적인 행동 사이에 직접적인 관계가 있음을 입증했다.

물론 프로이트가 환자들의 꿈을 분석하는 동안에 관찰을 통해 얻은 다른 결과도 많았다. 그러나 그런 결과들은 앞에 소개한 5가지만큼 흥미롭지 않으며, 현대 정신의학에 이것들만큼 혁명적이거나 막강한 영향력을 행사하지 못하는 것들이다.

프로이트가 처음 햇불을 밝힌 그 길에 다른 탐험가들도 뛰어들어 무의식의 세계를 더욱 깊이 파고들었다. 스위스 취리히의 칼 구스타프 융(Carl Gustav Jung: 1875-1961), 오스트리아 빈의 알프레드 아들러(Alfred Adler: 1870-1937), 미국 워싱턴 D.C.의 에드워드 켐프(Edward Kempf: 1885-1971) 등이 무의식의 연구에 매진하면서 이 분야의 지평을 프로이트조차도 꿈꾸지 못했을 만큼 크게 넓혀 놓았다.

그러나 아무리 강조해도 지나치지 않은 사실이 한 가지 있다. '꿈은 억압된 소망의 성취'라고 한 프로이트의 꿈의 이론이 없었다면, 융의 '정신에너지 이론'과 아들러의 '신체기관 열등과 보상' 이론, 켐프의 '역동적 기제(機制)' 이론이 빛을 보지 못했을 것이라는 점이다.

프로이트는 현대 '이상 심리학'(정신 이상 증세를 보이는 사람들의 심리를 연구하는 분야/옮긴이)의 아버지이며, 정신분석적 관점을 확고히 정립한 인물로 꼽힌다. 프로이트의 이론을 제대로 알지 못하는 상태에서 정신분석 분야에서 가치 있는 업적을 남기기를 기대하긴 어렵게 되었다.

한편, '프로이트주의'가 독단적인 견해로 가득한 종교와 비슷하며, 그래서 일종의 신앙 행위를 요구한다는 식의 터무니없는 주장이 더 이상 나오지 않았으면 좋겠다. '프로이트주의'는 그 자체로 단지 정신분석이 발달해 가는 과정 중 한 단계에 불과하며, 독창성이라고는 조금도 없는 일부 완고한 추종자를 제외하곤 이제 모두가 그 단계에서 빠져나왔다.

빈의 정신과의사 프로이트가 세운 구조물에는 이미 수천 개의 돌이 더해졌으며, 앞으로도 더 많은 돌이 더해질 것이다. 그러나 새로 더해진 돌들은 언젠가는 무너져 내리고 말 것이다. 세월이 흘러도 남을 수 있는 것은, 윌리엄 하비(William Harvey: 1578-1657: 1616년에 혈액의 순환과정과 혈액의 특징을 처음 발표한 영국 의사/옮긴이)가 혈액 순환에 대해 내놓은 주장만큼이나 확고부동하고 독창적인, 프로이트가 쌓은 초석뿐일 것이다.

원래의 구조에 어떤 돌이 더해지고 어떤 변화가 가해지든 간에 프로이트의 분석적인 관점은 그대로 남아 있다.

분석적 관점은 정신 이상에 관한 진단과 치료 방법에 일대 혁명을 일으키는 데서 그치지 않았다. 정보에 밝은 지적인 의사들이 온갖 질병을 대하는 태도를 완전히 바꾸도록 만들었다.

정신 이상을 앓는 사람은 더 이상 우스꽝스럽거나 멸시받을 사람이 아니다. 자연이 치료하거나 죽음을 통해 비참의 굴레에서 벗어나도록 할 때까지, 수용소에 격리된 채 살아야 할 사람도 아니다. 뇌나 신경 계통의 손상 때문에 정신 이상 증세를 보이게 된 사람을 제외한 다른 정신 이상자는 무의식적인 힘들의 희생자이다. 이 무의식적인 힘들이 사람들로 하여금 비정상적인 행동을 하게 만들지만, 그런 사람들도 도움을 적절히 받기만 하면 다시 행동을 정상적으로 할 수 있게 된다.

오늘날 사람들의 심리에 대한 통찰이 진정제와 휴식 요법을 대체하고 있다. '순전히' 육체적인 문제를 다루는 의사들까지도 환자가 그런 병에 쉽게 걸리도록 만드는 '심리적' 요인들을 고려하기 시작했다.

프로이트의 견해들은 또 모든 도덕적 및 사회적 가치들의 수정을 불가피하게 만들었으며, 문학적 및 예술적 성취 쪽에도 뜻밖의 조명을 비췄다.

그러나 프로이트의 관점, 더 넓게 말해 정신분석적 관점은 프로이트가 힘들여 개척한 분야를 게으름에서든 무관심에서든 들여다보기를 거부하는 사람들에겐 영원히 수수께끼로 남을 것이다. 누구나 그의 안내를 받으며 그의 실험 모두를 되풀이해 볼 때까지 정신분석을 받아들이기가 어려울 것이다.

우리는 프로이트를 따라 무의식의 울창한 숲을 헤쳐 나가야 한다. 학계의 철학자들마저도 편안한 길을 추구하면서 무의식의 세계를 지도로 그리는 작업은 애초에 불가능하다는 식으로 결론을 내린 탓에, 지금도 그 땅은 완전히 미개척 상태로 남아 있다.

옛날의 지리학자들과 관련해서 이런 이야기가 내려온다. 아득히 먼 땅에 대한 정보가 바닥을 드러내고 나면 지리학자들은 백일몽 같은 자신들의 이론을 뒷받침할 증거는 하나도 갖지 않은 채 허구에 대한 비과학적 욕망에 굴복하면서 탐험을 하지 않아서 지도에 빈칸으로 남아 있던 곳을 '사자들이 우글거리는 지역'이라는 식으로 아무렇게나 적어 넣었다고 한다.

프로이트의 꿈의 해석 덕에 무의식 속으로 들어가는 '왕도'(王道)가 이젠 모든 탐험가들에게 활짝 열렸다. 이제 탐험가들은 결코 사자를 발견하지 않을 것이다. 그들은 사람 자체를, 그리고 그 사람의 삶 전부와 현실의 투쟁에 관한 기록을 찾게 될 것이다.

우리가 사람을 완전히 이해하는 것은 그 사람의 꿈이 펼쳐 보이는 무의식을 통해 그의 내면을 훤히 들여다본 다음에나 가능한 일이다. 프로이트가 미국 신경과학자 제임스 잭슨 퍼트남(James Jackson Putnam: 1846-1918)에게 말한 것처럼, 우리가 지금 이런 모습을 하고 있는 것은 우리가 지금까지 이런 모습으로 살아왔기 때문이다.

그러나 진지한 마음을 가진 꽤 많은 학생들이 낙담하여 프로이트의 꿈 심리학을 공부하려는 시도조차 하지 않고 있다.

프로이트가 원래 꿈의 해석을 세상에 소개하며 발표했던 책은 법률 서적만큼이나 상세하다. 그래서 학자들조차도 오랜 시간을 두고 곰곰 생각하며 읽어야 했다. 일반 독자들이 몇 시간 안에 소화하기에는 아무래도 버거운 책이었다.

처음 이론을 소개할 때에는 프로이트로서도 디테일을 하나도 무시할 수 없는 입장이었다. 그의 자료를 엄밀히 조사하겠다고 달려들 전문가들이 대단히 진기한 논문을 받아들이도록 하기 위해선 어쩔 수 없는 노릇이었다.

그러나 프로이트는 심리학적 및 과학적 훈련이 그다지 많이 되어 있지 않은 사람들이 자신의 걸작을 읽어내는 일이 엄청나게 힘든 과제라는 사실을 잘 알고 있었다. 그런 일반 독자들을 위해 엄청난 분량의 저작 중에서 자신의 발견의 핵심을 이루는 부분만을 뽑아낸 것이 이 책이다.

이 책의 출판사는 프로이트 심리학의 요점을 거장 본인의 언어로 일반 독자들에게 내놓은 공로로 높이 인정받을 만하다. 이제 막 심리학에 관심을 갖기 시작한 사람도 실망시키지 않고, 정신분석에 대한 지식을 어느 정도 쌓은 사람에게도 지나치게 쉽게 다가오지 않을 책이다.

꿈 심리학은 프로이트의 저작물과 현대의 모든 심리학을 이해하는 열쇠이다. 『꿈 심리학』과 같이 쉽고 알찬 책이 선보인 이상, 현대의 가장 혁명적인 심리학 체계를 모르는 데 대한 변명은 더 이상 통하지 않을 것이다.

1920년 뉴욕에서

앙드레 트리동

---

* 이 책의 '서문'을 쓴 앙드레 트리동(André Tridon: 1877-1922)은 미국에서 활동한 프랑스인 정신분석학자이다. 1903년에 미국으로 건너가 저널리스트로 활약하다가 정신분석학에 심취해 지그문트 프로이트와 알프레드 아들러의 책을 많이 번역했다.

차례

서문 ... 5

1장 | 꿈에는 의미가 담겨 있다 ... 19

2장 | 꿈의 메커니즘 ... 45

3장 | 꿈이 욕망을 감추는 이유는? ... 79

4장 | 꿈의 분석 ... 101

5장 | 꿈속의 섹스 ... 129

6장 | 꿈속의 소망 ... 161

7장 | 꿈의 기능 ... 191

8장 | 일차 과정과 이차 과정-억압 ... 213

9장 | 무의식과 의식-현실 ... 245

1장

꿈에는 의미가 담겨 있다

'과학 이전 시대'라 불릴 수 있던 때에 사람들은 꿈의 해석에 대해 전혀 의심을 하지 않았다. 그 시대의 사람들은 잠에서 깨어난 뒤에 뭔가가 머리에 떠오르면 이렇게 생각했다. '악마나 신 같은 고귀한 존재가 나에게 나타나 좋거나 나쁜 메시지를 암시하는구나.'

과학적인 사고의 도래로, 표현력 풍부했던 이런 신화학이 심리학으로 넘어가게 되었다. 오늘날 교육을 받은 사람들 중에 꿈이 꿈을 꾼 사람 본인의 정신적 행위라는 점을 의심하는 사람은 극소수에 불과하다.

그러나 신화학적 가설들이 붕괴된 뒤로 꿈의 해석이 갈수록 위축되고 있다. 꿈이 일어나는 조건, 깨어 있을 때의 정신생활과 꿈의 관계, 잠을 자는 동안에 꿈을 꾸는 사람의 뒤척임과 꿈의 무관함, 깨어 있을 때의 생각과 모순되는 꿈의 특징, 꿈속의 장면과 그 장면이 불러일으키는 감정 사이의 불일치, 꿈의 사라짐 등. 이 모든 것들을 포함한 많은 문제들이 수백 년 동안 대답을 요구하고 있으나 우리는 아직까지 만족할 만한 대답을 제시하지 못하고 있다.

앞에서 예로 든 것들 중에서 꿈의 사라짐만 해도 참으로 신기한 현상이지 않은가. 잠에서 깨어나기만 하면 우리의 생각이 꿈을 기이한 것으로 치부하며 옆으로 밀어버리니. 그때는 우리의 기억력마저도 꿈을 여기저기 훼손시키거나 받아들이기를 거부한다.

이 모든 문제들에 앞서, 꿈의 의미에 관한 질문이 제기된다. 본래 양면적인 질문이다. 우선 꿈의 정신적 의미가 있다. 꿈이 꿈을 꾸는 사람의 정신 과정에서 어떤 역할을 하며, 그 사람의 생물학적 기능과 관련해서는 어떤 의미를 지니는가? 둘째는 꿈이 그 자체로 어떤 의미를 지니는가 하는 문제이다. 각각의 꿈이 서로 다른 정신적 통합체로 이해될 수 있는가?

꿈에 대한 평가들을 보면 세 가지 경향이 관찰된다. 많은 철학자들이 이 경향들 중 하나를 퍼뜨렸다. 꿈을 과대평가하는 측면이 있는 경향이다. 이 경향을 옹호하는 사람들에게 꿈이 생겨나는 바탕은 정신 활동의 어떤 특이한 상태이다. 그들은 심지어 꿈을 보다 높은 차원의 정신 상태로 올라가는 것으로 찬양하기도 한다.

예를 들어, 오스트리아 작곡가 프란츠 슈베르트(Franz Schubert:

1797-1828)는 이렇게 선언하기도 했다. "꿈은 영혼이 외부 자연의
압박으로부터 해방되는 현상이다. 영혼이 물질의 족쇄에서 풀려나
는 것이 꿈이다."

　모두가 슈베르트처럼 꿈을 찬미하는 것은 아니다. 그러나 많은
사람들이 꿈은 정신적 고양에서 비롯되며 낮 동안에 자유로운 이
동을 방해받은 정신적 힘들이 외부로 나타난 것이라고 생각하고
있다. 상당수의 관찰자들도 '꿈 생활'이 비상한 성취를 이룩할 수
있다는 점을 인정한다. 하여튼 특정 분야('기억')에서는 그런 성취
가 이뤄진다.

　이런 경향과 대조적으로, 의료계 종사자의 과반수는 꿈이 정신적
현상이라는 점을 인정하지 않는다. 그들에 따르면, 육체 또는 감각
들에서 비롯된 자극만이 꿈을 일으킬 수 있다. 그러니까 외부에서
잠을 자는 사람에게로 들어오는 감각이나 그 사람 본인의 신체 기
관(器官)들의 우발적인 소동이 꿈의 기원이라는 말이다. 그렇다면
꿈에는 음악을 전혀 알지도 못하는 사람이 열 개의 손가락으로 피
아노 건반을 두드려서 내는 소리 그 이상의 의미와 중요성이 없다
는 말이 된다.

　독일 약학자 칼 빈츠(Carl Binz: 1832-1913))의 말을 빌리면, 꿈
은 "언제나 쓸모없고 가끔은 병적이기도 한 육체적 과정"으로 여겨
진다. 꿈 생활에 나타나는 모든 특이점들은 어떤 생리적 자극이 없
었더라면 잠에 빠져 있었을 일부 신체 기관 또는 대뇌피질의 요소

들이 그 자극 때문에 통일성 없이 벌이는 활동으로 설명될 수 있다는 뜻이다.

그러나 보통 사람들은 의료계의 이런 의견에 조금도 흔들리지 않고 있으며 또 꿈의 원인에 대해 별로 신경을 쓰지 않으면서도 꿈에는 정말 어떤 의미가 담겨 있다는 믿음에 강하게 끌리고 있다. 꿈들이 어떤 식으로든 미래를 예고한다는 믿음이 대중들 사이에 강하게 느껴지고 있다. 기묘하고 불가사의한 꿈의 내용을 바탕으로 이런저런 방식으로 꿈의 의미를 풀어낼 수 있다는 것이다.

꿈을 해독하는 것은 기억에 남아 있는 꿈속의 사건들을 다른 사건들로 대체하는 작업이다. 이 작업은 몇 가지 분명한 실마리를 바탕으로 장면별로 하나씩 이뤄지거나, 아니면 꿈 전체를 그 꿈이 상징하는 무엇인가로 대체하는 방식으로 진행된다. 진지한 마음의 소유자들은 이런 노력을 비웃는다. "꿈은 부서지는 파도의 포말에 지나지 않아!"라면서.

어느 날 나는 의료계의 관점이 아니라 미신에 바탕을 둔 대중의 관점이 꿈에 관한 진실에 오히려 더 가깝다는 사실을 깨닫고는 깜짝 놀랐다. 그때 나는 새로운 방법의 심리학적 연구를 통해 꿈에 관한 새로운 결론에 도달했다. 공포증과 강박 관념, 환영(幻影) 같은 것을 연구하는 데 큰 도움을 주었고, 연구자 집단으로부터 '정신분석'이라는 이름으로 알려진 연구 방법이다.

꿈 생활과 깨어 있는 상태에서 나타나는 정신질환의 다양한 조건들 사이에 비슷한 점이 많다는 것이 의료계 종사자 다수에 의해 관찰되었다. 따라서 정신병리학의 연구에서 검증된 방법을 꿈의 해석에 적용하는 것이 선험적으로 바람직해 보였다.

강박 관념과 거기에 따르는 특이한 공포감은 정상적인 의식에는 이상해 보인다. 꿈들이 깨어 있는 의식에 이상하게 느껴지는 것처럼. 마찬가지로 강박관념의 기원은 의식에 알려져 있지 않다. 꿈들의 기원을 의식이 모르는 것과 똑같다.

강박관념이나 공포증과 같은 정신질환을 치료할 때 질환의 기원과 형성에 대해 추측하는 것은 실용적인 목적 때문이다. 경험에 비춰 보면, 병적인 관념들과 정신의 나머지 내용물을 연결하는 고리 역할을 하고 있는 생각들이 그때까지 의식이 모르게 가려져 있던 상태에서 벗어나 모습을 온전히 드러낼 때에야, 강박관념을 치료하고 극복하는 방법이 나올 수 있다. 그러므로 내가 꿈 해석을 위해 채택한 방법은 심리요법에서 나왔다고 볼 수 있다.

이 절차를 설명하기는 쉽다. 그러나 그것을 실행하는 데에는 교육과 경험이 필요하다.

어떤 환자가 무시무시한 공포로 고통을 겪고 있다고 가정해 보자. 이 환자에게 지금 문제가 되고 있는 생각에 관심을 기울여 달라고 부탁한다. 그러나 환자가 평소처럼 그 생각에 깊이 빠지도록 해서는 안 된다. 그런 가운데 그 생각과 관련해서 환자의 마음에 떠오르는 인상을 하나도 빠뜨리지 않고 의사에게 털어놓도록 해야 한다. 환자의 입에서 어떤 것에도 관심을 집중할 수 없다는 말이 나오면 원래 백지 상태의 마음은 절대로 불가능하다는 점을 강조하면서 환자를 안심시켜야 한다.

실제로 보면 곧 엄청나게 많은 인상이 나타날 것이다. 이 인상들은 서로 결합하기도 한다. 환자가 인상을 털어놓을 때에는 환자 본인이 관찰자의 입장에 서서 이 인상은 전혀 의미가 없다거나 중요하지 않다는 식의 의견까지 내놓을 것이다. 그러면 환자가 강박관념을 떨치지 못하게 막고 있는 것이 바로 그런 식의 자기비판이라는 사실이 금방 확인될 것이다.

환자가 자기비판을 한다는 것은 곧 그가 의식에서는 이미 그 관념들을 배제했다는 의미이다. 만약에 환자가 자기비판을 포기하고 관심을 집중한 결과 쏟아져 나오게 된 생각의 기차를 계속 쫓도록 유도할 수만 있다면, 대단히 의미 있는 자료가 확보될 것이다. 환자를 괴롭히고 있는 병적인 관념과 어떤 연결을 갖고 있는 자료일 것이다. 이제 병적인 관념과 다른 관념들의 연결이 분명하게 드러날 것이고, 이어서 병적인 관념을 새로운 관념으로 바꾸는 것이 가능해질 것이다. 이때 환자가 새롭게 받아들일 신선한 관념은 그 사람의 정신 상태와 완벽하게 조화를 이루는 방향으로 적응되어 있다.

지금 이 자리는 이 실험이 근거로 삼고 있는 가설이나 이 실험이 성공하게 된 과정을 철저히 검토하는 곳이 아니다. 여기서는 우리의 생각들을 어지럽히는, 원하지 않은 연상(聯想)들에 특별히 관심을 기울이기만 하면 모든 병적인 관념을 해결할 수 있는 도구를 충분히 확보할 수 있다고 설명하는 것만으로도 충분하다. 만약에 누군가가 이 과정을 스스로 밟는다면, 실험을 성공적으로 이끄는 최선의 방법은 그 사람이 자신의 머리에 떠오르는 희미한 공상까지 죄다 글로 적는 것이다.

이제 꿈의 분석에 이 방법을 적용하면 어떻게 되는지에 대해 설명할 생각이다. 이런 식으로 적용하면 모든 꿈을 유용하게 활용할 수 있다. 그러나 나는 어떤 이유로 나 자신의 꿈을 하나 선택한다. 혼란스럽고 나의 기억에 무의미해 보이지만, 간결함의 이점을 지닌 꿈이다. 간밤에 꾼 꿈이다. 잠에서 깨어난 직후에 정리한 꿈의 내용은 다음과 같다.

> 회사다. 식사를 하거나 정식(定食)을 먹는 자리이다. 시금치가 나온다. 내 옆에 앉은 E. L. 부인이 줄곧 나에게 눈길을 주고 있다. 그러면서 내 무릎 위로 손을 다정하게 얹는다. 이에 대한 방어로 내가 그녀의 손을 밀어낸다. 그러자 그녀가 말한다. '당신의 눈은 언제나 너무나 아름다워요.' …… 이어서 두 개의 눈처럼 생긴 무엇인가가 선명하게 보인다. 눈을 스케치한 것 같기도 하고 안경알 같기도 하다.

이것이 꿈의 전부이다. 여하튼 내가 기억하고 있는 것은 이것이 전부이다. 이 꿈은 나에게도 모호하고 무의미하게 보일 뿐만 아니라 기묘해 보이기도 한다. E. L. 부인은 내가 좀처럼 방문하지 않는 사람이며, 내가 아는 한 돈독한 관계를 맺었으면 하는 희망을 품어 본 적이 없는 사람이다. 그녀를 보지 않은지도 꽤 오래 되었으며 최근에 그녀에 대한 언급이 있었던 기억도 없다. 꿈을 꾸는 동안에 아무런 감정도 일어나지 않았다.

이 꿈에 대해 곰곰 생각해 보았지만 선명해지는 구석은 어디에도 없다. 그렇지만 나는 깊이 생각하는 과정에 떠오른 것들을 아무 가감 없이 다 털어놓을 것이다. 나는 곧 꿈을 요소별로 세부적으로 분해하여 각 요소들과 연결되는 관념들을 찾아내는 것이 유익하다는 것을 깨닫는다.

'회사다. 식사를 하거나 정식을 먹는 자리이다.' 이 대목에서 당장 어젯밤에 행사가 끝날 무렵에 벌어진 사소한 일이 떠오른다. 친구의 회사에서 열린 조촐한 파티가 막 끝난 터였다. 그때 친구가 택시를 불러 나까지 태워다 주겠다고 했다. 친구는 "나는 택시를 자주 타는 편이야. 한 사람에게 일거리를 줄 수 있고, 또 거리엔 볼 게 많거든."이라고 말했다.

우리 둘이 택시에 오르자, 운전기사가 요금 미터기를 꺾었다. 기본요금이 60헬레르(오스트리아의 옛 화폐 단위/옮긴이)라는 표시가 나타났다. 나는 농담을 이어갔다. "타자마자 이미 60헬레르를 물어야 하는군. 택시를 타면 언제나 호텔 정식(定食) 생각이 나. 나 자신에게 끊임없이 빚을 상기시키며 나를 탐욕스럽고 이기적인 존재로 만들지. 미터기가 아주 빨리 올라가는 것 같은데. 요금이 올라갈 때마다 가슴이 철렁 내려앉으며 내가 손해를 보는 것이 아닌가 하고 겁이 나. 정식을 먹는 자리에서 음식을 너무 적게 먹는 것은 아닐까, 혹은 처신을 잘 해야 하는데 하는 터무니없는 두려움을 떨치지 못하는 것처럼." 이것과 무리하게 연결시키면서 나는 다음 글(괴테(Johann Wolfgang von Goethe)의 '빌헬름 마이스터의 수업시대' 2권 13장에 나오는 구절/옮긴이)을 인용한다.

> "삶으로, 이 지루한 삶으로 우리 인간들을 인도하는 그대들,
>
> 이 가난한 사람을 죄인으로 만들어놓고."

정식에 관한 생각이 하나 더 있다. 몇 주 전에 튀롤로제 헬스 리조트에서 열린 만찬 석상에서 내가 아내에게 매우 언짢아했던 적이 있다. 아내가 내 입장에선 정말 아무런 관계를 맺고 싶지 않은 몇몇 이웃들을 아무 거리낌 없이 대했기 때문이다. 그래서 내가 아내에게 잘 모르는 이웃들은 그냥 두고 차라리 나에게 신경을 써달라고 간청했다. 정식을 먹는 테이블에서 내가 그야말로 불리한 입장에 놓인 형국이었다. 아내가 테이블에서 보인 행동과 꿈에 나타난 E. L. 부인의 태도 사이의 대조가 나를 놀라게 만든다. "E. L. 부인은 오로지 나에게만 신경을 쏟았으니…."

그것만이 아니다. 지금 나는 이 꿈이 내가 아내에게 구애의 손길

을 펼 때 둘 사이에 일어난 사소한 장면의 재현이라는 것을 깨닫는다. 구애자인 내가 보낸 열정적인 편지에 대한 아내의 반응은 식탁보 밑으로 나를 어루만지는 것이었다. 그러나 꿈에서 나의 아내가 나와 별로 친하지 않은 E. L. 부인으로 대체되었다.

E. L. 부인은 내가 금전적으로 빚을 지고 있는 사람의 딸이었다. 여기서도 나는 꿈 내용과 나의 생각 사이에 의심의 여지없는 어떤 연결이 있다는 사실을 확인하지 않을 수 없다. 이 꿈의 한 요소에서 비롯된 연상(聯想)의 고리들을 추적해 들어가면, 금방 꿈의 또 다른 요소에 닿을 것이다. 이 꿈이 야기한 생각들은 꿈 자체에선 절대로 파악되지 않는 연상들을 불러일으킨다.

A라는 사람이 있다고 가정하자. 그런데 이 사람은 다른 사람들이 자신들의 이익에는 전혀 신경을 쓰지 않고 오로지 A의 이익만을 돌볼 것이라고 기대하고 있다. 이런 상황이라면 A에게 빈정거리듯 이런 물음을 던질 수도 있지 않을까. "당신의 아름다운 두 눈을 위해서 이 일을 해야 한단 말이지?" E. L. 부인이 꿈속에서 한 말은 이랬다. "당신의 눈은 언제나 너무나 아름다워요." 이 말은 곧 "당신의 사랑을 얻기 위해서라면 사람들은 뭐든 하려 들어요. 당신은 모든 것을 공짜로 누렸어요."라는 의미이다.

물론 진실은 그 반대이다. 나는 다른 사람이 나에게 베푸는 친절에 대해 언제나 그에 상응하는 대가를 지불했다. 그러기에 어제 친구가 택시로 나를 집에까지 데려다 주었을 때 공짜로 택시를 얻어

탔다는 사실이 나에게 어떤 인상을 남겼음에 틀림없다.

어쨌든 어제 우리를 손님으로 초대한 친구는 종종 나를 빚쟁이로 만들었다. 최근에 나는 그에게 보답할 기회를 가졌다. 그가 나로부터 선물을 받은 것은 그때 딱 한 번뿐이었다. 선물은 구식 숄이었다. 그런 선물에도 그의 두 눈은 휘둥그레졌다. 게다가 그 사람은 시력 전문가였다. 그날 밤, 나는 안경을 맞추라고 그에게 보낸 환자에 대해 이것저것 물었다.

내가 지금까지 분석한 바와 같이, 이 꿈의 거의 모든 부분은 이처럼 새로운 연결을 갖게 되었다. 그럼에도 나는 꿈속에서 우리에게 주어진 음식이 하필 왜 시금치였는지에 대해 물어야 한다. 시금치가 최근 우리 가족의 식탁에서 일어난 사소한 장면을 떠올리게 했기 때문이다.

눈이 정말 아름다운 아이 녀석이 시금치를 먹지 않겠다고 버텼다. 나도 어렸을 때 이 아이와 똑같았다. 나는 오랫동안 시금치를 싫어했다. 아마 인생 후반으로 접어들며 식성이 바뀌어 시금치가 가장 좋아하는 음식 중 하나가 될 때까지, 그 버릇은 계속되었던 것 같다.

이 음식에 대한 언급이 나 자신의 어린 시절과 아이의 어린 시절을 비교하도록 만들었다. "너는 시금치를 먹을 수 있다는 사실에 감사해야 해."라고 아이의 어머니가 어린 '미식가'에게 말했다. "시금치를 먹을 때마다 매우 감사하게 생각하는 아이들도 있단다." 이 말을 들으면서 나는 자식에 대한 부모의 의무를 떠올렸다. 괴테가 남긴 그 말을.

> "삶으로, 이 지루한 삶으로 우리 인간들을 인도하는 그대들,
>
> 이 가난한 사람을 죄인으로 만들어 놓고."

이 구절은 이 연결에서 또 다른 의미를 지닌다.

꿈을 분석한 결과를 여기서 요약할까 한다. 꿈의 요소 하나하나와 연결되어 있는 연상들을 추적함으로써, 나는 일련의 생각들과 기억들을 끌어낼 수 있었다. 하나같이 나의 정신생활을 재미있게 표현하고 있는 것들이다.

꿈의 분석에서 나올 사건은 꿈 내용과 아주 밀접한 관계를 갖는다. 그러나 그 관계가 너무나 특별하기 때문에 내가 꿈 자체에서 직접적으로 새로운 발견을 추론하는 것은 당연히 불가능하다. 내가 분석한 꿈은 열정적이지도 않으며, 내적으로 서로 연결되어 있지도 않고 난해하다. 꿈의 뒤에 숨어 있는 사고들을 풀어내는 동안에, 나는 치열한 감정을 느꼈다. 사고들이 논리적으로 서로 고리를 이루며 거듭 되풀이되는 핵심적인 관념들과 잘 맞아떨어졌다. 꿈 자체에는 나타나지 않는 핵심적인 관념은 이 꿈의 경우에 대조의 관계에 있는 것으로, 이기적이거나 이타적인 것, 빚을 지거나 아무것도 바라지 않고 일하는 것 등이다.

나는 이 꿈의 분석을 통해 드러난 꿈의 씨줄과 날줄을 더 깊이 분석할 수 있으며, 그렇게 할 경우에 이 실들이 모두 하나의 매듭으로 이어진다는 점을 보여줄 수 있다. 하지만 나는 이 작업을 공개하지 않기로 마음을 먹었다. 과학적인 이유에서가 아니라 개인적인 이유에서다. 나 자신의 일로 인정하고 싶지 않은 많은 일들을 속속들이 밝힐 경우에 비밀로 남겨 두는 게 바람직한 일까지도 어쩔 수 없이 공개해야 하는 상황이 벌어지기 때문이다.

그렇다면 나 자신이 분석 결과를 공개해도 괜찮은 꿈을 선택하지 않은 이유는 무엇일까? 그렇게 하면 분석 결과도 객관성을 보다 확실히 확보할 수 있을 텐데. 이에 대한 대답은 이렇다. 내가 검토하는 모든 꿈은 똑같은 문제에 직면하게 되고 또 똑같은 결정을 요구하기 때문이다.

다른 사람의 꿈을 분석한다고 해서 그런 어려움을 피할 수 있는 것은 절대로 아니다. 숨겨진 모든 것을 다 풀어놓아도 나를 믿고 꿈 이야기를 들려준 사람들에게 상처를 입히지 않을 수 있을 때에만 그런 식의 세밀한 해석이 가능하다.

이제는 결론을 내려야 할 때이다. 이 꿈은 내가 철저한 분석 끝에 얻은 감정적이고 지적인 생각의 기차들을 대체하는 것이라고 할 수 있다. 그런 생각들이 어떤 과정을 거쳐 꿈으로 일어나게 되는지에 대해선 나도 아직 잘 모른다. 하지만 나는 꿈을 정신적으로 중요하지 않은 것으로 여기는 것은 잘못이라고 생각한다. 사람들이 잠을 자는 동안에 깨어 있는 대뇌피질의 요소들이 활동한 결과가 꿈은 아닌 것이다. 말하자면 꿈은 순전히 육체적인 과정은 아니라는 뜻이다.

여기서 나는 꿈은 꿈이 대체하고 있는 사고들에 비해 훨씬 짧다는 점을 강조해야 한다. 한편, 분석에선 꿈이 꿈을 꾼 날 낮에 있었던 사소한 일에 의해 야기된다는 것이 확인되었다.

꿈을 분석한 것이 단 한 건에 지나지 않는다면, 나는 당연히 그렇게 폭넓은 결론을 끌어내지 않았을 것이다. 경험에 비춰 보면, 어떤 꿈이든 연상들은 그런 식으로 생각의 사슬을 이루며, 꿈을 구성하는 부분들은 서로 적절히 연결되는 상태에서 나타난다. 그렇기 때문에 이 연결이 단순히 첫 관찰에 우연히 나타난 것에 지나지 않는다는 식으로 의심을 품어서는 안 된다.

나는 나 자신이 이 새로운 관점에 적절한 이름을 붙일 자격을 갖추고 있다고 생각한다. 나는 잠에서 깨어난 직후에 기억해 낸 꿈과, 분석을 통해 드러난 다른 꿈과 사건을 서로 대비시킨다. 전자를 꿈의 '명백한 내용'(manifest content)이라고 부르고, 후자를 꿈의 '잠재적 내용'(latent content)이라고 부른다.

여기서 나는 지금까지 설명하지 않은 2개의 새로운 문제를 맞닥뜨린다. 꿈의 '잠재적 내용'을 '명백한 내용'으로 바꿔놓는 정신 과정은 도대체 무엇인가? 또 그런 변형이 필요한 이유는 무엇인가? '잠재적 내용'을 '명백한 내용'으로 바꾸는 과정을 나는 '꿈 작업'

(dream-work)이라고 부른다. 이와 대조적인 것이 이와 정반대의 방향을 취하는 '분석 작업'이다. 꿈의 다른 문제들, 이를 테면 꿈의 자극과 꿈 재료의 출처, 꿈의 목적, 꿈의 기능, 꿈의 망각 등에 관한 탐구는 꿈의 잠재적 내용과 연결해서 논의될 것이다.

나는 '명백한 내용'과 '잠재적 내용'을 혼동하지 않기 위해 최대한 주의를 기울일 것이다. 왜냐하면 나 자신이 '꿈 생활'의 부정확한 서술뿐만 아니라 모순되는 모든 것을, 분석을 거쳐야만 비로소 모습을 드러내는 잠재적 내용을 모르는 탓으로 돌리기 때문이다.

꿈이 잠재적 꿈 사고들을 명백한 꿈으로 전환하는 작업은 세심한 연구의 대상이 될 만하다. 이 작업이 정신적 자료를 이 표현 양식에서 다른 표현 양식으로 바꿔놓는 최초의 예가 되기 때문이다. 쉽게 이해되는 표현 양식에서 더 많은 노력이 필요하고 또 지도를 받아야만 이해 가능한 표현 양식으로 바꾸는 첫 번째 예가 꿈 작업인 것이다. 당연히 이 새로운 표현 양식도 똑같이 우리의 정신 활동의 노력으로 여겨져야 한다.

잠재적 꿈 내용과 명백한 꿈 내용의 관계라는 관점에서 보면, 꿈을 3개의 집단으로 나눌 수 있다. 우선, 의미를 지니고 또 동시에 이해도 쉬워서 별도의 수고를 하지 않아도 정신생활을 들여다보게 하는 꿈이 있다. 이런 꿈은 무수히 많다. 이 꿈들은 대체로 짧으며, 그다지 중요해 보이지 않는다. 현저하게 두드러지거나 흥분을 야기할 만한 사건 같은 것이 들어 있지 않기 때문이다.

게다가, 이런 꿈이 꾸어진다는 사실은 꿈이 대뇌피질의 요소들의 활동에 의해서만 비롯된다는 학설과 정면으로 배치된다. 이런 꿈은 세분화된 정신 활동의 결과임을 보여주는 흔적을 결여하고 있다. 그럼에도 우리는 이런 것들을 꿈으로 분류하는 데 어떤 반대도 제기하지 않는다. 또 그것들을 깨어 있는 동안에 일어나는 생활의 산물과도 혼동하지 않는다.

두 번째 집단은 이런 꿈들이다. 꿈 자체를 놓고 볼 때엔 정말로 일관성도 있고 명백한 의미도 갖지만, 우리가 꿈의 의미와 우리의 정신생활을 조화시키지 못하는 까닭에 이상해 보이는 꿈들이다.

사랑하는 어떤 친척이 죽을 것이라고 생각할 이유가 하나도 없는데도 그 친척이 전염병으로 죽는 꿈을 꾸는 경우가 그런 예이다. 그런 꿈을 꾸고 나면, 사람들은 스스로 "도대체 내가 왜 이런 꿈을 꾸는 거지?"라고 묻지 않을 수 없다.

세 번째 집단은 의미도 없고 이해도 되지 않는 꿈들이다. 이런 꿈들은 일관성도 없고, 의미도 없고, 복잡하다. 우리가 꾸는 꿈들 거의 대부분이 이런 특징을 보인다. 바로 그런 사실 때문에 의료계에서 꿈을 경멸적으로 보는 태도가 팽배하고, 꿈을 제한적인 정신 활동으로 보려는 경향이 두드러지게 되었다. 꿈의 줄거리가 길고 복잡할 때, 모순적인 구석들이 특히 더 많이 나타난다.

명백한 꿈 내용과 잠재적 꿈 내용의 차이는 두 번째 집단과 세 번째 집단의 꿈에서만 가치를 지닌다. 명백한 꿈 내용이 잠재적 꿈 내용으로 대체되어야만 풀리는 문제들이 있다. 앞에서 분석한 꿈이 그런 예이다. 복잡하고 난해한 꿈인 것이다.

그러나 우리는 기대와 달리 잠재적 꿈 사고를 온전히 인식하지 못하도록 막는 원인들과 맞닥뜨렸다. 똑같은 경험을 반복적으로 하다 보니, 이런 가정을 하지 않을 수 없게 되었다. 즉, 난해하고 복잡한 꿈의 본질과 그 꿈과 연결된 사고들을 파악하는 데 따르는 어려움 사이에, 자체의 법칙을 가진 어떤 본질적인 연결이 있을 것이라고.

이 연결의 본질을 검토하기에 앞서서 먼저 이해가 쉬운 첫 번째 집단의 꿈으로 관심을 돌리는 것이 유익할 것이다. 이 집단에 속하는 꿈의 경우엔 명백한 내용과 잠재적 내용이 똑같고 꿈 작업이 일어나지 않는 것 같다.

또 다른 관점에서도 이 집단에 속하는 꿈들을 먼저 검토하는 것이 바람직하다. 아이들의 꿈들이 그런 성격을 갖고 있다.

아이들의 꿈들은 의미를 지니고 또 기묘해 보이지도 않는다. 이것은 꿈을 잠을 자는 동안에 대뇌 활동의 분열로 인해 일어나는 현상으로 보는 학설을 반박할 또 하나의 근거가 된다. 바로 이런 질문이 가능하기 때문이다. 정신적 기능을 그런 식으로 폄하하는 것이 성인들의 수면의 본질에는 적용되는데 아이들의 수면의 본질에는 적용되지 않는 이유는 무엇인가?

그러나 여기서 이런 기대를 품어도 충분히 타당할 것이다. 기본

적으로 단순할 수밖에 없는 아이들의 정신 과정을 설명하는 것이
성인의 심리를 연구하는 데 꼭 필요한 준비 작업이 될 것이라고. 그
래서 나는 아이들로부터 모은 꿈을 몇 가지 제시하려 한다.

19개월 된 소녀는 아침에 몸이 아팠던 탓에 하루 종일 아무것도 먹
지 못한 채 지내야 했다. 유모에 따르면, 딸기를 먹은 것이 병의 원
인이라고 했다. 소녀는 하루 종일 굶은 날 밤에 잠을 자다가 자기
이름이 큰 소리로 불리는 것을 들었다. 이어서 "딸기, 계란, 빵."이
라는 소리도 들렸다. 소녀는 먹는 꿈을 꾸면서 메뉴에서 지금 당장
마음대로 먹지 못하게 된 음식을 고르고 있다.

이 소녀의 꿈처럼 금지된 음식에 관한 꿈은 22개월 된 소년에게
도 나타난다.

자그마한 체리 바구니를 삼촌에게 선물하기로 되어 있는 날이 내
일인데, 소년은 오늘 체리 한 개만 맛볼 수 있었다. 이튿날 아이는
잠에서 깨어나자마자 즐거운 소식부터 전했다. "헤르만이 체리를
다 먹어치웠어요!"

3년 6개월 된 소녀는 낮에 바다 여행을 했다. 성에 차지 않을 정도
로 짧은 여행이었다. 그래서 소녀는 배를 내려야 할 때 울음보를 터

뜨렸다. 다음날 소녀가 들려준 이야기는 자신이 밤에도 바다 여행을 계속했다는 것이었다.

다섯 살 반인 소년은 다흐슈타인 지역에서 도보 여행을 하는 동안에 일행과 마음이 맞지 않았다. 새로운 산봉우리가 시야에 들어올 때마다 소년은 그것이 다흐슈타인 산이냐고 묻다가 마침내 폭포로 가는 일행을 따라가지 않겠다고 버텼다. 당연히 소년의 그런 행동은 피로의 탓으로 돌려졌다. 그러나 소년이 그런 행동을 한 진짜 이유는 이튿날 그가 꿈 이야기를 들려주었을 때 명확하게 드러났다. 다흐슈타인 산 정상에 오르는 꿈을 꿨다는 것이었다. 소년의 입장에서 다흐슈타인 산꼭대기에 오르는 것을 소풍의 목표로 잡았기 때문에 정작 산봉우리조차 보지 못하게 되자 실망이 이만저만한 것이 아니었다. 꿈이 소년에게 낮에 이루지 못한 소망을 성취할 기회를 주었다.

여섯 살 난 소녀의 꿈도 앞의 소년과 비슷하다. 소녀의 아버지는 산책을 하다가 시간이 늦어서 약속한 곳까지 가지 못하고 중간에 지름길로 돌아왔다. 돌아오는 길에 소녀는 소풍을 가기에 좋은 다른 장소를 알려주는 푯말을 보았다. 소녀의 아버지는 언젠가 그곳으로도 딸을 데려가겠다고 약속했다. 이튿날 아침에 소녀는 아버지에게 꿈 이야기를 들려주는 것으로 인사를 대신했다. "아빠가 내

손을 잡고 두 곳을 모두 보여주었어요!"

이 아이들이 꾼 꿈의 공통점이 무엇인지는 너무나 명백히 드러난다. 꿈들은 아이들이 낮 동안에 실현하지 못한 소망을 멋지게 성취시키고 있다. 이 꿈들이 소망의 실현이라는 것은 누가 봐도 알 수 있다.

다음에 소개하는 아이의 꿈도 얼핏 난해해 보이지만 소망의 실현에 지나지 않는다.

> 네 살이 채 안 된 소녀가 소아마비 증세를 보인 뒤 시골에서 도시로 가서 커다란, 아이의 눈으로 보면 거대하기까지 한 침대에서 자녀가 없는 숙모와 함께 하룻밤을 보냈다. 이튿날 아침에 소녀는 너무나 좁아 자기 몸조차 제대로 널 수 없는 침대에서 자는 꿈을 꾸었다는 이야기를 들려주었다.

이 꿈은 아주 쉽게 소망 성취로 설명된다. 우리 모두는 어른만큼 크는 것이 모든 아이들의 소망이라는 것을 잘 알고 있다. 침대의 어마어마한 크기가 소녀로 하여금 자신의 왜소함을 절실히 깨닫도록 만들었다. 이 같은 불쾌한 상황이 소녀의 꿈에서 바로잡아진다. 꿈 속에서 소녀가 침대마저도 작을 만큼 커버리는 것이다.

아이들이 꾸는 꿈의 경우에 아무리 복잡하고 세련되어 보여도 소망의 실현으로 해석하면 거의 맞아떨어진다.

여덟 살 난 소년이 그리스 신화 속의 영웅 아킬레우스와 함께 디오
메데스가 모는 전차를 타고 달리는 꿈을 꾸었다. 전날 소년은 위대
한 영웅들에 관한 글을 열심히 읽었다.

이 꿈은 소년이 영웅들을 자신의 모델로 삼으면서 자신이 그 시대에 살고 있지 않은 것을 유감스럽게 생각한다는 사실을 보여주는 것으로 풀이하면 된다. 이 짧은 꿈 이야기에서도 아이들의 꿈에 공통적으로 나타나는 또 다른 특징이 하나 발견된다. 꿈이 그날 낮에 아이들이 산 삶과 관계있다는 점이다.

아이들의 꿈에서 성취되는 소망은 그날 낮이나 그 전날에 다 이루지 못한 것이다. 꿈속의 감정 또한 아이들이 낮에 품었던 생각 속에 치열하게 표현되었던 것이다. 아이들의 꿈에는 우연적이거나 무관한 일, 혹은 아이에게 우연적이거나 무관해 보이는 일은 절대로 나타나지 않는다.

아이들과 비슷한 꿈들의 예는 성인들 사이에도 무수히 많다. 하지만 이미 언급한 대로, 이 꿈들은 대부분 '명백한 내용'이다. 그러기에 무작위로 선택한 사람들에게 갈증을 느끼며 잠을 깬 뒤에 물을 마시고 잠을 계속 자는 꿈에 대해 어떻게 생각하느냐고 물으면 대체로 잠을 자는 동안에 목이 말랐기 때문이라고 대답하게 된다.

많은 사람들이 잠을 깨기 직전에 이처럼 자신을 편안하게 만들어 주는 꿈을 자주 꾼다. 이미 잠자리에서 일어났거나, 이미 세수를 끝냈거나, 이미 학교에 등교했거나, 이미 사무실에 출근한 꿈을 꾸는 것이다. 여행을 떠나기로 되어 있는 날을 하루 앞둔 날 밤에 이미 여행지에 도착한 꿈을 꾸는 일도 드물지 않다. 또 놀이나 파티에 가기도 전에 이미 꿈속에서 즐거운 일이 펼쳐지는 경우도 많다.

한편, 꿈이 소망의 실현을 다소 간접적인 방법으로 표현하는 경우도 더러 있다. 이때는 소망이 무엇인지를 알아내기 위한 첫 단계로, 어떤 연결이나 연속성을 파악해내야 한다.

어느 남편이 나에게 들려준 젊은 아내의 꿈 이야기가 이런 예에 속한다. 이 사람의 아내는 월경이 시작되는 꿈을 꾸었다. 이 꿈 이야기를 들으면서 나는 이 여자가 월경이 없으면 임신일 건데 하고 생각했을 것이라고 판단했다. 그렇다면 이 꿈은 임신에 관한 꿈이다. 꿈의 의미는 아직 임신을 해서는 안 되는데 하는 부인의 소망이 실현되는 것을 보여준다.

특별히 극단적인 상황에서 어른들에게도 아이들의 꿈과 비슷한 꿈이 자주 나타난다. 극지방 탐험단의 한 리더가 들려준 꿈 이야기가 바로 그런 예이다. 온통 얼음뿐인 겨울에 몇 종류 되지 않는 식량을 챙겨 탐험에 나설 때면 대원들이 아이들처럼 맛있는 식사와 산더미처럼 높이 쌓인 담배, 집에 대한 꿈을 규칙적으로 꾼다는 것이다.

길고 복잡하게 얽힌 꿈 가운데서도 유독 두드러지는 부분이 있는 예가 드물지 않다. 이 두드러진 부분이 바로 소망의 실현을 담고 있는 것이 확실하지만, 이해 불가능한 내용과 뒤엉켜 있어서 분석이 어렵다. 얼핏 꽤 명료해 보이는 어른들의 꿈들을 분석하다가도 어른의 꿈이 아이들의 꿈만큼 단순한 경우는 무척 드물다는 사실을 깨달을 때가 자주 있다. 그런 꿈에는 소망의 실현 외에 또 다른 의미가 숨어 있다.

의미 없어 보이는 복잡한 성인들의 꿈을 분석 작업을 통해 아이들의 꿈의 유형으로, 다시 말해 낮에 치열하게 경험한 어떤 소망의 실현으로 환원하는 것이 가능하다면, 그것이 꿈의 수수께끼를 쉽게 푸는 해결책인 것이 확실하다. 하지만 그런 기대에 대한 보증은 어디에도 없다. 성인들의 꿈은 대체로 서로 무관해 보이는 기묘한 내용으로 가득하다. 그 내용 중에서 소망의 실현을 말해주는 흔적이 전혀 잡히지 않을 수도 있다.

실현하지 못한 소망을 표현한 것임에 분명한 아이들의 꿈에 관한 이야기를 끝내기 전에, 꿈들의 또 다른 중요한 특징 한 가지를 반드시 언급하고 넘어가야 한다. 오래 전부터 주목을 받아왔고, 또 이 집단의 꿈에서 가장 분명하게 드러나는 특징이다. 그런 종류의 꿈이면 어느 것이든 소망을 표현하는 하나의 문장으로 쉽게 바꿔놓을 수 있다는 점이다. 바다 여행이 조금 더 오래 이어졌더라면, 내가 세수를 하고 옷을 입고 있었더라면, 체리를 삼촌에게 주지 않고 내가 몽땅 먹을 수 있었더라면…. 그러나 그런 꿈은 선택 그 이상의 무엇인가를 제시한다. 거기선 이미 소망이 실현되었기 때문이다. 소망의 실현도 꽤 현실적이고 실제적이다.

꿈의 표상들은 전부는 아니더라도 대부분 장면들로 이뤄져 있다. 주로 시각적 이미지이다. 그러므로 이 집단의 꿈에도 일종의 변형이 완전히 배제될 수는 없다. 이 변형을 '꿈 작업'으로 봐도 별 무리가 없을 것이다. 단순히 가능성의 영역에 존재하고 있던 어떤 생각이 그 생각이 성취되었음을 말해주는 장면으로 바뀌는 것이다.

2장

꿈의 메커니즘

복잡하게 얽힌 꿈에도 앞에서 설명한 것과 같은 장면의 변형이 일어났다고 생각하지 않을 수 없다. 그 변형이 어떤 욕망과 결합해서 일어나게 되었는지는 모르지만.

이 책 앞부분에서 비교적 상세하게 분석한 꿈에도 그 같은 변형이 일어났다고 볼 수 있는 장면이 두 개 있다. 그 꿈을 분석한 결과, 나의 아내가 식탁에서 다른 사람들과 열심히 대화하고 있었는데 내가 아내의 그런 태도를 좋아하지 않았던 것으로 드러났다. 그러나 꿈 자체에서는 일이 정반대로 전개되었다. 꿈속에서 나의 아내를 대신하고 있는 부인이 온통 나에게만 관심을 집중하고 있었다.

하지만 어떤 사람이 불쾌한 사건을 경험할 때 그 사람이 기대할 수 있는 일 중에서 그것과 정반대되는 사건보다 더 유쾌한 것이 있을까? 나의 꿈이 보여주는 것처럼.

그 꿈의 분석에서 분명하게 드러난 생각, 즉 내가 공짜로 뭔가를 얻은 적이 한 번도 없었다는 생각은 꿈속에서 부인이 한 말, "당신의 눈은 언제나 너무나 아름다워요."라고 한 말과 비슷하게 연결된다. 그러므로 꿈의 잠재적 내용과 명백한 내용 사이에 서로 반대되는 것 중 일부는 어떤 소망의 실현에서 비롯된 것임에 틀림없다.

앞뒤가 서로 맞지 않는 꿈들이 공통적으로 거치는 꿈 작업의 또 다른 특징은 이보다 훨씬 더 두드러진다. 내용이 뒤죽박죽인 꿈을 아무거나 하나 선택하라. 그런 다음에 꿈에 담긴 개별적인 요소들의 수나 꿈의 범위와, 꿈을 분석한 뒤에 얻은 꿈 사고들을 서로 비교해 보라. 그러면 꿈 작업이 일어나는 동안에 엄청난 압축 혹은 응축이 이뤄진다는 사실이 확인될 것이다.

처음에는 압축이 일어난 범위에 대한 의견을 내놓기가 쉽지 않다. 그러나 꿈의 분석이 깊어질수록, 압축에 더욱 강한 인상을 받게 될 것이다.

꿈의 요소들 중에 연상의 사슬들이 두 가지 이상의 방향으로 나아가지 않는 것은 하나도 없으며, 장면 중에도 두 가지 이상의 인상이나 사건과 연결되지 않는 것은 하나도 없다.

예를 들어보자. 언젠가 나는 수영장 비슷한 곳에 관한 꿈을 꾼 적이 있다. 거기서 수영을 하던 사람들이 갑자기 사방으로 흩어지고 있었다. 동시에 수영장 한 귀퉁이에서 어떤 사람이 수영을 하던 사람 쪽으로 몸을 굽히고 있었다. 사람을 물 밖으로 끌어내리려는 자세였다.

이 장면은 합성된 장면이었다. 사춘기 때 내가 겪은 어떤 사건과 두 개의 그림으로 구성된 장면이었다. 두 개의 그림 중 하나는 내가 꿈을 꾸기 직전에 본 것이었다. 두 개의 그림은 모리츠 폰 슈빈트(Moritz von Schwind: 1804-1871)가 그린 '목욕탕에서의 놀람'(수영을 하던 사람들이 갑자기 흩어졌다는 점에 주목하라)과 어느 이탈리아 거장이 그린 '홍수'였다. 내가 말한 사소한 사건은 어떤 여자가 수영장에서 제때 나오지 않고 미적거리다가 그만 남자들이 수영할 시간이 되는 바람에 수영 코치의 도움을 받아 간신히 수영장을 빠져나온 일이었다.

이 책 첫 부분에서 분석을 위해 선택한 꿈의 장면은 일단의 기억을 불러일으켰다. 모두가 꿈 내용에 기여한 기억이다. 무엇보다 먼저, 이미 밝힌 대로, 내가 아내에게 구애를 하던 때의 작은 에피소드가 떠올랐다. 내가 앞에서 털어놓은 이야기 그대로이다. 테이블 밑으로 손을 은근히 누르는 것이 꿈속에서 '테이블 밑'이라는 장소로 나타났고, 내가 아마 기억 속에서 그런 장소를 찾아내야 했을 것이다.

물론 당시에 '집중된 관심'에 관한 말은 한 마디도 없었다. 꿈의 분석을 거친 결과, 이 요소는 모순되는 장면을 통한 소망의 실현임과 동시에 정식을 먹는 자리에서 나의 아내가 보인 태도와 관련 있는 것으로 드러났다. 최근에 떠올린 이 기억의 뒤에 우리의 구애 기간에 벌어진 일 중에서 앞에서 이야기한 에피소드와 매우 비슷하지만 그보다 훨씬 더 중요한 사건이 하나 숨어 있다. 이 일로 인해 당시에 우리 둘은 하루 종일 떨어져 지내야 했다. 꿈속의 부인이 나의 무릎에 손을 얹으면서 표현한 친밀감은 매우 다른 이야기와 매우 다른 사람들을 가리킨다. 그 꿈속에서 이 요소는 서로 크게 다른 두 가지 종류의 기억들을 풀어놓을 출발점이 된다.

꿈 장면을 그려내기 위해 모아진 재료인 꿈 사고들은 당연히 이런 식의 적용에 적합해야 한다. 이 꿈 사고들에는 한 가지 이상의 공통적인 요소가 있어야 한다.

꿈 작업은 프랜시스 골턴(Francis Galton:1822-1911: 찰스 다윈(Charles Darwin)의 사촌으로 인류학자이다/옮긴이)이 자기 가족의 사진을 갖고 연구하던 과정과 비슷하게 진행된다. 쉽게 설명하면 이런 식이다. 다양한 요소가 담긴 사진들을 서로 포갠다. 그러면 사진들 사이에 공통적인 요소들이 선명하게 두드러져 보일 것이다. 서로 반대되는 세부사항은 서로를 가려버리기 때문에 눈에 띄지 않을 것이다.

바로 이런 식의 형성 과정에 문제의 열쇠가 있다. 많은 꿈의 요소들이 애매모호하게 보이는 이유도 부분적으로 이런 현상으로 설명되지 않을까? 당연히, 꿈 해석에도 이 원칙이 그대로 적용된다. 꿈을 분석하다가 불확실한 대목이 나오면, 그 직전까지 명백했던 부분들 하나하나를 인상들이 방출된 출구로 여기도록 하라.

꿈 사고들 사이에 공통점이 전혀 없을 때, 꿈 작업은 꿈에 공통적인 표현을 하나 만들어 내기 위해 무엇인가를 창조하는 수고를 한다. 공통점이 전혀 없는 두 개의 꿈 사고들을 서로 비슷하게 만드는 손쉬운 방법은 무엇인가? 한쪽 사고의 표현에 변화를 주는 것이 가장 쉬운 방법이다. 어느 정도 변화를 주는 것이 좋을까? 그 변화에 맞춰서 다른 쪽 사고의 형식을 살짝만 건드려도 서로가 통할 수 있는 선에서 끝나는 것이 바람직하다.

이 과정을 보면 마치 시(詩)를 지을 때 운(韻)을 맞추는 작업처럼 들린다. 꿈 작업 중 상당 부분은 바로 그런 식으로, 매우 재치 있고 종종 과장된 '일탈'을 창조하는 일로 이뤄진다. 이 '일탈'은, 꿈 내용의 공통적인 표상에서부터 온갖 형식과 본질로 표현하는 꿈 사고에 이르기까지, 참으로 다양하다.

앞에 예로 든 꿈의 분석에서, 나는 어떤 사고가 근본적으로 다른 또 다른 사고와 조화를 이루기 위해 이와 비슷하게 변형된 것을 발견한다. 그 꿈을 분석하는 도중에 불현듯 이런 생각이 떠올랐다. '나도 뭔가를 공짜로 가질 수 있었으면 좋겠어.' 그러나 이런 생각은 꿈의 해석에 도움이 되지 않는다. 그래서 나는 이 생각을 살짝 바꿨다. "나도 뭔가를 공짜로 즐길 수 있었으면 좋겠어."

이중적인 의미를 지닌 "kost"(taste)라는 독일어 단어야말로 정식(定食)과 아주 잘 어울리는 표현이다. 더욱이, 이 단어는 그 꿈에 특별한 의미로 등장한다. 집에서 식사를 하다가 아이들이 어떤 음식을 꺼릴 경우에 대체로 어머니는 부드러운 목소리로 타이른다. "맛만이라도 한 번 보지 않을래?" 꿈 작업이 이 단어의 이중적인 의미를 쉽게 이용하고 있다는 사실은 정말 놀라운 일이 아닐 수 없다. 그러나 오랜 경험을 근거로 볼 때, 그런 일은 꽤 흔하다.

꿈을 구성하고 있는 부분들을 보면, 꿈 생활에만 있고 깨어 있는 상태에선 발견되지 않는 부분이 있다. 이런 경우에 꿈의 압축을 빌리면 설명이 가능해진다. 여러 가지 요소가 합성된 형상들이다. 동양 전설에 자주 등장하는 상상 속의 동물과 비슷한 창조물이라고 할까. 특별히 많은 것들이 섞인 그런 형상이다. 여기서 조금만 생각해 봐도, 여러 요소가 합성된 인물들이나 형상들은 어떤 통일성으로 압축되는 것이 보인다. 한편, 꿈속의 상상은 언제나 새롭다.

우리 모두는 자신의 꿈을 통해 그런 이미지들을 잘 알고 있다. 그 이미지들의 출처는 여러 곳이다. 이 사람에게서 이 특징을, 저 사람에게 저 특징을 따오는 방식으로 꿈속에서 새로운 인물을 창조할 수 있다. 아니면 꿈에서 이 형태의 이름에 다른 형태의 이름을 붙여도 그런 효과를 얻을 수 있다. 또 어떤 사람을 떠올리면서 그 사람을 다른 사람의 위치에 놓을 수도 있다.

다양한 인물들이 어떤 한 대체물로 융합되는 이 모든 예들에는 어떤 의미가 담겨 있다. 그런 예들은 "그리고"나 "꼭 …처럼"이라는 뜻을 담고 있다. 이는 어떤 사람을 특정한 어떤 관점에서 비교하는 것인데, 꿈속에서 충분히 가능한 비교이다. 그러나 하나의 인물로 융합된 여러 사람들의 정체는 대개 분석을 거쳐야만 확인되며, 꿈 내용 중에서 그 정체에 대한 암시를 담고 있는 부분은 '결합된' 인물이 형성되는 대목뿐이다.

결합된 인물을 만들어내는 방식에 나타나는 다양성과 그 인물을 분해하는 데 적용하는 규칙들은 꿈 내용의 무수한 메들리에도 그대로 적용된다. 이를 보여주는 꿈 내용의 예를 구체적으로 제시할 필요까지는 없을 것 같다.

이런 식으로 접근하면 꿈 내용 중에서 이상한 구석이 많이 사라질 것이다. 꿈 내용을 우리가 깨어 있을 때 지각하는 대상들과 같은 차원에 놓지 않겠다고 마음만 먹으면 된다. 그런 관점에서, 불필요한 세부사항을 배제하는 꿈 압축의 기술이 발휘된 결과가 꿈 내용이라는 점을 기억하면 된다.

결합을 통해 생긴 공통적인 특징은 당연히 두드러져 보이게 되어 있다. 꿈의 분석도 대체로 공통적인 특징을 찾아내는 작업이다. 꿈은 그저 이렇게 말하고 있을 뿐이다. '이 모든 것들엔 'X'가 공통적으로 들어 있어.' 이처럼 뒤섞인 이미지들을 분석을 통해 분해하는 것이 꿈의 해석에서 가장 빠른 길일 때가 종종 있다.

예를 들어보자. 나는 언젠가 예전의 대학교 지도 교수 한 분과 같은 벤치에 앉아 있는 꿈을 꾸었다. 벤치는 다른 벤치들 사이로 아주 빠른 속도로 이동하고 있었다. 이 장면은 강의실과 움직이는 계단이 결합된 것이었다. 여기서 이 사고의 결과를 더 이상 추적하지 않을 것이다.

또 다른 꿈 이야기이다. 내가 탈것에 앉아 있었고, 나의 무릎 위에 중산모처럼 생긴 투명한 유리로 만든 어떤 물건이 놓여 있었다. 그 장면은 당장 이런 속담을 떠올리게 했다. '모자를 손에 든 사람은 어딜 가도 안전하게 여행할 수 있다.' 모자 같이 생긴 유리 물건은 또 벨스바흐(Karl von Welsbach)의 가스등을 떠올리게 했다.

나는 고향 사람인 벨스바흐에게 부(富)와 자유를 안겨준 발명품처럼 나 자신을 부유하고 자유롭게 만들 무엇인가를 발명할 생각이었다. 그렇게만 된다면 나는 줄곧 빈에서 지내지 않고 곳곳으로 여행을 다닐 수 있을 터였다. 그 꿈에서 나는 나의 발명품, 즉 꼴사납게 생긴 유리 중절모를 들고 여행을 하고 있었다. 여기서도 보듯, 꿈 작업은 한 개의 혼합된 이미지를 통해 두 개의 모순된 개념을 표현하는 데 아주 탁월하다.

어떤 여인의 꿈을 예로 들어보자. 꿈속에서 이 여인 본인이 '성수태고지'(순결-그녀의 이름은 마리아였다) 그림 속에 나오는 것과 비슷한 기다란 꽃자루를 든 모습으로 나타났다. 그런데 동백꽃(순결과 대조를 이룸: 알렉산드르 뒤마(Alexandre Dumas)의 작품 '춘희'(La dame aux Camelias)를 상상하길 바람)을 닮은 흰색 꽃송이들이 꽃자루를 가득 장식하고 있었다.

'꿈 압축'이라고 부르는 작업의 상당 부분은 다음과 같이 공식화할 수 있다. 꿈 내용을 이루는 요소들 각각은 꿈 사고들의 내용 전체에 의해 결정된다. 말하자면, 꿈 내용 하나하나는 꿈 사고들의 어느 한 요소에서 비롯되는 것이 아니고 일련의 요소들 전부에서 비롯된다는 뜻이다.

꿈 내용의 요소들은 서로 반드시 연결될 필요는 없으며, 꿈 사고의 다양한 영역에 속할 것이다. 정말로, 꿈 요소는 꿈 내용에서 온갖 이질적인 것을 표현한다.

게다가, 꿈을 분석하다 보면 꿈 내용과 꿈 사고의 관계에 또 다른 측면이 있다는 사실이 드러난다. 꿈의 한 요소가 몇 가지 꿈 사고와 연결되듯이, 하나의 꿈 사고는 대체로 한 가지 이상의 꿈 요소를 보여준다. 이 연결의 실들은 꿈 사고에서 꿈 내용으로 곧장 이어지지 않고, 꿈 사고에서 꿈 내용으로 이어지는 도중에 온갖 방법으로 겹쳐지고 섞인다.

꿈의 장면에서 일어나는 사고의 변형(장면의 '극화') 다음으로 꿈 작업에서 중요한 것은 꿈의 압축이다. 꿈 작업 중에서 가장 중요하고 가장 두드러진 특징이 바로 이 압축이다. 꿈 내용이 압축되어야 하는 이유에 대해선 아직 아는 바가 전혀 없다.

지금 우리가 관심을 두고 있는 복잡한 꿈의 경우에, 압축과 극화만으로는 꿈 내용과 꿈 사고 사이의 차이를 온전히 설명하지 못한다. 제3의 요소가 작동하고 있다는 점을 보여주는 증거가 있다. 이에 대해서도 주의 깊게 고찰할 필요가 있다.

분석을 통해 꿈 사고들을 다 이해하고 나면, 나는 무엇보다 먼저 꿈의 명백한 내용에 담긴 사건들이 꿈의 잠재적 내용의 사건들과 매우 다르다는 점을 알 수 있었다. 그러나 여기서 나는 그 차이가 외견상 차이에 지나지 않는다는 점을 인정해야 한다. 더욱 면밀히 조사하고 들어가면 사라지게 되는 차이인 것이다. 꿈 내용 전체가 결국엔 꿈 사고들에 담겨 있고, 꿈 사고들 거의 모두가 꿈 내용으로 표현된 것이 확인되기 때문이다. 그럼에도 불구하고, 꿈의 명백한 내용과 잠재적 내용 사이에 어느 정도의 차이는 존재한다.

　같은 꿈에서도 유독 두드러져 보이는 근본적인 내용이 있다. 분석을 거치고 나면 이런 내용은 꿈 사고들 중에서 아주 부차적인 역할에 만족하고 있는 것으로 드러난다.

　나의 느낌엔 아주 중요하게 여겨지는 꿈 사고들은 정작 꿈의 내용에 들어 있지 않거나, 꿈 중에서도 가장 흐릿한 부분에서 희미한 암시를 통해 표현되는 것 같다. 이 같은 현상을 나는 이런 식으로 묘사할 수 있다. 꿈 작업의 대상이 된 사고들과 개념들에 쏟아졌던 정신적 강도(强度)가 꿈 작업이 벌어지는 동안에, 그만한 강조를 전혀 요구하지 않는 다른 사고들과 개념들로 흘러간다. 이때 꿈의 의미를 은폐하거나 꿈 내용과 꿈 사고의 연결을 파악하지 못하도록 하는 데 이 정신적 강도의 흐름만큼 기여하는 작용은 없다. 이 과정을 나는 '꿈 치환(置換)'이라고 부른다.

　이 과정에 꿈 사고들의 정신적 강도와 의미, 또는 감정적 본질이 감각적 선명도라는 측면에서 서로 순서가 바뀌게 된다. 꿈속에서 가장 선명한 장면이 나에겐 두말할 필요 없이 가장 중요해 보이지만, 꿈의 흐릿한 요소에서 중요한 꿈 사고의 직계 '후손'이 확인되는 때도 자주 있다.

그래서 나는 이런 '꿈 치환'을 '정신적 가치들을 재평가하는 것'으로 본다. 치환 혹은 가치 재평가가 다양한 꿈에서 광범위하게 일어난다는 것이 확인되지 않았다면, 나는 이 현상을 다방면으로 고려하지 않았을 것이다. 물론 치환이 거의 일어나지 않는 꿈도 있다. 그런 꿈은 어떤 욕망을 기록한 꿈들에서 확인되듯이 똑같은 시간과 의미, 명료함을 보인다.

꿈 사고가 자체적으로 정신적 가치를 조금도 지니지 않는 꿈도 있고, 꿈 사고의 본질적인 모든 것이 비본질적인 것으로 대체되는 꿈도 있다. 본질적인 것과 비본질적인 것 사이의 전환은 온갖 방식으로 이뤄진다. 꿈에 애매하거나 복잡한 구석이 많을수록, 꿈의 형성에 치환이 그만큼 더 큰 역할을 했다고 보면 된다.

앞에서 분석을 위해 선택한 꿈도 이 같은 치환을 어느 정도 보여 준다. 그 꿈의 내용에 나타난 관심의 초점은 꿈 사고들에 나타난 초점과 다르다. 꿈의 내용을 다시 보도록 하자. 전면으로 두드러지는 주요 장면에서 마치 어느 여인이 나와 가까워지기를 원하는 것 같다. 그러나 꿈 사고로 가면 이야기는 달라진다. 주요 관심이 '아무런 비용을 안기지 않을' 쿨한 사랑을 즐기려는 욕망으로 모아진다.

아름다운 눈에 관한 이야기와 '시금치'에 대한 부자연스런 암시의 뒤에 그런 생각이 도사리고 있다.

꿈 치환을 논외로 한다면, 우리는 현재 꿈을 둘러싸고 논쟁이 뜨겁게 전개되고 있는 두 가지 문제와 관련해 꽤 확실한 결론을 분석을 통해서 끌어낼 수 있다. 두 가지 문제란 꿈을 야기하는 것은 도대체 무엇이며, 꿈은 깨어 있을 때의 삶과 어떤 연결을 갖는가 하는 것이다.

그날 일어난 사건들과 직접적으로 연결되어 있다는 점을 노골적으로 보여주는 꿈도 있고, 그런 연결의 흔적을 전혀 보여주지 않는 꿈도 있다. 분석의 도움을 빌리면, 모든 꿈은 예외 없이 그날의 인상과 연결되어 있다는 것이 드러난다. 아니, 꿈을 꾼 날에 깨어 있는 시간에 벌어진 인상이라고 하는 것이 더 정확하다.

꿈을 야기한 인상들이 너무나 중요하기 때문에, 그 인상들이 깨어 있는 동안에 그 사람의 의식을 지배하고 있었다고 보는 것이 타당하다. 이 경우에 꿈이 깨어 있을 때의 주요 관심사를 계속 수행한다고 말하는 것이 맞다.

그러나 꿈에 그날의 인상이 들어 있을 때조차도 그 인상이 너무나 하찮고, 중요하지 않고, 망각해도 괜찮은 것으로 여겨지는 까닭에 꿈을 꾼 사람이 억지로 노력해야만 그것을 떠올릴 수 있는 경우도 자주 있다. 더구나 내용이 서로 일관성을 보이고 이해 가능한 꿈조차도 깨어 있을 때 전혀 관심을 기울이지 않았을 사소한 일들을 이야기하는 것처럼 보인다.

이 대목에서 이런 사실을 짚고 넘어가는 것이 중요하다. 사람들이 꿈을 제대로 평가하지 않는 이유가 바로 중요하지 않고 무가치한 것들이 꿈 내용 중에 두드러져 보이는 현상에 있다는 점을.

꿈을 분석하고 들어가면, 이런 식의 경멸적인 평가가 나오도록 만드는 꿈의 외양이 여지없이 깨어진다. 꿈 내용이 꿈을 자극하는 요소로 몇 가지 중요하지 않은 인상만을 보여줄 때에도, 분석을 거치면 반드시 중요한 사건이 나타나게 된다. 그 꿈에서 중요한 사건이 다른 사소한 사건으로 치환되었을 뿐이다. 이 사소한 사건은 중요한 사건이 연상(聯想)의 세계로 들어갈 때 함께 딸려 들어온 사건이다.

꿈이 재미없거나 중요하지 않은 개념들을 펼쳐 보일 때, 분석은 이 사소한 것들과 그 사람의 정신에 매우 중요한 것들을 연결하는 연상의 경로들을 무수히 많이 찾아낼 것이다. 이런 식의 결론도 가능하다. 중요하지 않은 것이 꿈 내용에서 그 꿈을 자극했을 게 틀림없는 인상들이나 진정한 관심의 대상들 대신에 인정을 받게 된다면, 그것이 바로 치환이다.

그렇다면 꿈을 일으키는 것은 무엇이며, 꿈의 내용과 현실의 문제들은 어떤 식으로 연결되는가? 이 질문에 대답하면서, 우리는 꿈 치환까지 알게 된 지식을 바탕으로 이렇게 말할 수 있어야 한다. 꿈은 꿈을 꾼 사람이 그날 깨어 있는 동안에 관심을 기울일 가치가 없다고 판단한 일들을 갖고 스스로 힘들어 하지 않으며, 또 낮 시간에 그 사람을 괴롭히지 않은 사소한 것들은 잠을 자는 동안에 그 사람을 추적할 힘을 전혀 갖고 있지 않다고.

내가 이 책 앞부분에서 분석한 꿈을 꾸게 만든 것은 무엇인가? 정말로 중요하지 않은 사건이 발단이 되었다. 한 친구가 자신이 부른 택시로 나를 집까지 공짜로 태워준 일 말이다. 정식을 먹는 장면에도 이처럼 중요하지 않은 동기를 암시하는 것이 들어 있다. 대화에서 내가 택시와 정식을 나란히 놓았기 때문이다.

그러나 나는 이 사소한 사건을 전면에 대체물로 내세우고 있는 중요한 사건을 제시할 수 있다. 며칠 전에 나는 매우 가까운 어느 친척을 대신해 거액을 지급했다. 꿈 사고는 이렇게 말하고 있다. 이 사람이 이 일로 나에게 감사하는 마음을 품는다면, 그래도 별로 놀랄 일은 아니다. 이 사랑은 결코 공짜가 아니니까. 그러나 아무런 부담을 안기지 않는 사랑이 꿈 사고 중 하나이다.

꿈을 꾸기 전에 내가 문제가 된 친척과 몇 차례 드라이브를 했다는 사실이 중요하다. 나의 친구가 택시로 나를 집까지 태워주겠다고 했을 때, 그 사실이 나로 하여금 친척과의 드라이브를 떠올리도록 만들었다. 그런 식으로 곁가지를 하나씩 살려나가다 보면 꿈을 자극한 것으로 드러나는 사소한 인상은 그 꿈의 진짜 원천과 관계없는 다른 조건을 가리킨다. 인상은 최근의 것이어야 하고, 또 꿈의 모든 것은 꿈을 꾼 그날 일어난 일에서 비롯되기 때문에 나타나는 현상이다.

꿈 치환에 대해 논하면서, 꿈이 생성될 때 일어나는 또 다른 두드러진 과정을 고려하지 않을 수 없다. 압축과 치환이 어떤 목적을 위해서 서로 함께 노력하는 과정이 바로 그것이다. 꿈 압축에서, 우리는 꿈속에서 공통점을 갖고 있는 두 개의 개념이 꿈 내용에서 어떤 혼합된 이미지로 대체되는 예를 이미 살펴보았다. 이 혼합된 이미지의 경우에 그 중 명료한 '씨앗' 부분은 두 개념의 공통적인 부분에 해당하며, 명료하지 않은 부차적인 변형들은 서로 다른 부분에 해당한다.

압축에다가 치환까지 더해지면, 혼합된 이미지의 형성은 전혀 없다. 힘의 '평행사변형' 속의 합력(合力)과 분력(分力)의 관계처럼, 각각의 요소들과 똑같은 관계를 갖는 '공통 평균' 같은 것이 생길 뿐이다.

예를 들어, 나의 꿈 하나에는 프로필(propyl)을 주입하는 일에 관한 이야기가 나온다. 첫 번째 분석에서, 나는 아밀(amyl)이 걸린, 중요하지 않지만 실제로 일어났던 어떤 사건이 이 꿈의 자극제가 되었다는 사실을 알았다. 그래도 나는 아직은 아밀이 프로필로 바뀌어 나타났다고 자신 있게 주장하지 못한다.

그러나 꿈 사고들 중에 내가 뮌헨을 처음 방문했을 때의 추억이 들어 있었다. 그 여행 동안에 나는 프로필라이아(Propylaea: 그리스어로 '기념물의 문'이란 뜻으로, 여기서는 뮌헨에 있는 시티 게이트를 가리킨다/

옮긴이)에 강한 인상을 받았다. 부수적인 상황들에 비춰볼 때, 이 두 번째 집단의 개념들이 아밀을 프로필로 치환하도록 영향을 미쳤다고 생각해도 무방하다. 말하자면, 프로필은 아밀과 프로필라이아 사이의 평균적인 개념이었다. 그렇다면 프로필이란 것은 동시에 일어난 압축과 치환의 절충과 비슷한 것으로 꿈속으로 들어왔다고 볼 수 있다.

이런 당혹스런 꿈 작업이 일어나는 동기를 찾을 필요성은 압축보다 치환에서 더 강하게 제기된다.

꿈 사고들이 꿈 내용에서 발견되지 않을 경우에 치환 작업이 이뤄졌을 가능성이 크다. 그럼에도, 거기에는 또 다른 종류의 사소한 변형이 있을 수 있다. 이 점을 염두에 두면서 꿈 사고들을 고려하면 새로운 형태의 꿈 작업이 발견된다. 이 꿈 작업은 새롭긴 하지만 이해가 그렇게 어려운 형태는 아니다.

최초의 분석에 의해 드러난 꿈 사고들이 별난 표현법으로 사람을 놀래게 할 때가 종종 있다. 꿈 사고들은 우리의 사고가 선호하는 진지한 형식으로 표현되지 않는 것 같다. 그보다는 시인들의 비유적인 언어처럼 풍유와 은유를 빌려 상징적으로 표현되는 것 같다.

꿈 사고들의 표현에 이 정도의 어색함이 나타나는 이유를 찾는 것은 그다지 어려운 일이 아니다. 꿈 내용은 주로 시각적인 장면으로 이뤄져 있다. 그러므로 꿈 사고들이 우선 이런 시각적 표현 형식을 이용할 준비가 되어 있어야 한다.

어느 정치 지도자의 연설이나 변호사의 변론을 팬터마임으로 바꾼다고 상상해 보라. 그러면 꿈 작업이 꿈 내용의 극화를 노려 취하지 않을 수 없는 변형들을 이해하기가 한결 쉬워질 것이다.

꿈 사고들의 정신적 요소의 주변에서 어린 시절의 인상들을 떠올리게 하는 흔적들이 드물지 않게 발견된다. 대체로 시각적으로 쉽게 포착되는 장면들이다. 꿈 사고들 중 이 부분은 기회가 있을 때마다 꿈 내용의 형성에 결정적 영향력을 행사한다. 이 부분이 꿈 사고들의 재료를 끌어들이고 배열하는 것을 보면, 이 부분이 '결정화(結晶化)의 중심'처럼 작동하는 것 같다.

꿈 장면이 단지 강한 인상을 남긴 사건이 삽입되어 복잡하게 보일 뿐 하나의 장면이 변형되어 반복되는 것에 지나지 않을 때도 가끔 있다. 아주 드물긴 하지만 꿈이 실제 장면을 그대로 재생하는 경우도 있다.

그러나 꿈 내용이 전적으로 장면들로만 이뤄지는 것은 아니다. 거기에는 시각적 이미지들의 파편도 있고, 대화도 있고, 심지어 변형되지 않은 생각의 편린도 있다. 꿈 작업이 꿈 특유의 언어로 꿈 사고를 거듭 표현하기 위해 동원할 수 있는 극화의 수단들이 어떤 것일지를 한번 상상해보라. 이런 식으로 접근하는 것이 아마 꿈 내용의 다양성을 보여주는 가장 적절한 방법일 것이다.

우리가 분석을 통해 배우는 꿈 사고들은 복잡하기 짝이 없는 상부구조를 가진 어떤 정신적 복합체인 것으로 드러난다. 꿈 사고들의 각 부분은 서로 아주 다양한 관계를 맺고 있다. 이 부분들은 배경과 전경(前景), 계약, 일탈, 실례(實例), 표출, 항의 등을 이룬다. 한 생각의 기차 다음에는 그것과 모순되는 생각의 기차가 이어지는 것이 거의 규칙이라고 해도 지나치지 않다. 우리가 깨어 있는 동안에 이성(理性)에 알려진 특징은 꿈의 어디에도 보이지 않는다.

만약에 하나의 꿈이 이런 모든 과정들을 통해 생겨난다면, 정신적 재료는 극도의 압축도 받아들여야 하고, 또 동시에 새로운 외양을 창조하면서 내적 축소와 환도 거쳐야 하고, 장면들의 구성에 가장 적합한 요소들을 선택적으로 골라서 서로 엮는 것도 받아들여야 한다.

이 정신적 재료의 기원을 고려한다면, '퇴행'(regression)이라는 용어가 이 과정에 꽤 적절히 적용될 수 있다. 그때까지 정신적 재료를 하나로 묶고 있던 논리적 고리들은 꿈 내용으로 변형되는 과정에 모두 사라진다. 말하자면 꿈 작업은 꿈으로 엮어내기 위해 꿈 사고들의 핵심적 내용만을 취하는 것이다. 이제 꿈 작업이 파괴한 연결을 복구하는 임무는 분석의 몫으로 남게 된다.

따라서 꿈이 꿈 사고들과의 논리적 관계를 회복할 권리를 포기하지 않는다 하더라도, 꿈의 표현 수단은 우리의 상상력의 표현 수단에 비해 빈약할 수밖에 없다. 이런 상황에서 꿈은 오히려 꿈 사고들을 나름의 형식적인 특징으로 대체하는 데 꽤 자주 성공한다.

꿈 사고들의 각 부분들 사이에 틀림없이 연결이 존재하기 때문에, 꿈은 꿈 사고를 형식적인 특징을 빌려 하나의 장면에 담아낼 수 있다. 꿈은 논리적 연결을 시간과 공간상의 가까움으로 뒷받침한다. 이는 화가가 파르나소스 산(그리스 중부에 있는 산으로, 아폴론과 뮤즈들이 살았다는 전설이 내려오며 예술의 상징으로 통한다/옮긴이)을 시인들, 말하자면 그 산에 함께 모인 적이 한 번도 없었음에도 이상적으로 하나의 공동체를 형성하고 있는 시인들의 상징으로 여기는 것과 똑같다.

꿈은 개별 꿈들에서 이런 방식의 표현을 이어간다. 그러는 가운데 꿈 내용에서 서로 밀접히 연결되는 두 가지 요소를 보여줄 때엔 이 요소들이 꿈 사고에서 표현하는 것들 사이에 특별한 내적 연결이 있도록 만든다. 또 같은 날 밤 사이에 꾼 모든 꿈은 분석을 거치면 똑같은 사고의 영역에서 비롯된 것으로 확인된다.

두 가지 사고 사이의 인과적 관계는 구체적으로 표현하지 않고 그냥 두든가, 아니면 서로 다른 두 개의 긴 분량의 꿈이 차례로 이어지는 식으로 나타난다. 인과적 관계가 이런 식으로 표현될 때, 그 관계가 거꾸로 나타나는 경우가 종종 있다. 말하자면, 꿈의 시작이 결론이 되고 꿈의 끝이 전제가 되는 것이다. 꿈속에서 어떤 것이 다른 것으로 직접적으로 변형되는 것은 원인과 결과의 관계를 표현하는 것 같다.

꿈이 '이것 아니면 저것'이라는 식으로 선택을 이야기하는 경우는 절대로 없다. 꿈은 이것과 저것을 똑같은 맥락에서 똑같은 권리를 갖는 대안으로 받아들인다. 꿈에 대해 설명할 때 '이것 아니면 저것'이라는 식의 선택이 동원된다면, 내가 이미 설명한 바와 같이, 그것을 '이것과 저것'으로 바꿔야 한다.

꿈에서 정반대의 개념들도 똑같은 요소로 곧잘 표현된다. 꿈에는 '아니다'라는 부정적 표현은 없는 것 같다. 두 가지 생각 사이의 대립, 즉 전환의 관계는 꿈에서 매우 두드러지게 표현된다. 꿈 내용 중 다른 한 부분이 완전히 거꾸로 표현되는 것이다.

어느 시점에 가서 불일치를 표현하는 또 다른 형태를 다루게 될 것이다. 꿈속에서 동작이 방해받는 느낌을 받는 경우가 자주 있다. 이것은 충동들의 불일치, 즉 '의지의 갈등'을 표현하는 것이다.

꿈이 형성되는 메커니즘을 보면, 논리적 관계들 중에서 오직 한 가지만, 즉 유사성과 동일성, 일치의 관계만 매우 잘 발달하는 것으로 드러난다. 꿈 작업은 압축을 위한 출발점으로 유사성과 동일성, 일치의 관계를 이용한다. 일치를 보여주는 모든 것들을 모아서 하나의 새로운 통일체를 엮어내는 것이다.

꿈이 꿈 사고들 사이의 논리적 관계를 표현하는 형식적인 수단이 얼마나 풍부한지를 보여주기엔, 지금까지 대략적으로 관찰한 것만으로는 부족하다. 꿈의 표현 수단이 너무나 다양하기 때문에, 각각의 꿈을 대상으로 한 연구들이 정교함에서 차이를 보인다. 따라서 꿈에 관한 글도 다소 세심하게 읽어야 하고, 꿈 작업의 보조적인 수단도 고려해야 할 것이다. 꿈 작업의 보조적인 수단은 매우 모호하고 복잡하고 일관되지 않아 보인다.

꿈이 노골적으로 부조리해 보이고, 꿈 내용에 너무나 명백한 역설이 담겨 있을 때, 거기엔 어떤 목적이 작용하고 있다. 꿈은 모든 논리적 주장을 노골적으로 무시함으로써 꿈 사고들의 지적인 내용 일부를 표현한다. 꿈속의 모순은 꿈 사고 속의 불일치와 경멸, 혐오를 나타낸다.

이런 식의 설명은 꿈은 대뇌피질의 분열적이고 무비판적인 활동에 그 기원을 두고 있다는 관점과 정면으로 충돌하기 때문에, 여기서 실제 꿈을 통해 나의 관점을 강조하고 싶다. 내가 꾼 꿈이다.

내가 알고 지내는 사람 중에 미스터 M이라는 사람이 있다. 이 사람이 다른 사람도 아닌 괴테로부터 에세이를 통해 공격을 받았다. 부당한 폭력성이 담긴 글이었다. 당연히 미스터 M은 그 공격에 큰 상처를 입었다. 그는 어느 만찬장에서 이 문제에 대해 불만을 매우 강하게 토로했다. 그런 개인적 경험에도 불구하고, 괴테에 대한 그의 존경심만은 무너지지 않았다.

나는 지금 미스터 M과 괴테 사이에 도저히 불가능할 것 같은 연대기적 관계를 파악하려고 애쓰고 있다. 괴테는 1832년에 세상을 떠났다. 미스터 M에 대한 괴테의 공격은 틀림없이 그 전에 일어났을 것이기 때문에, 미스터 M은 당시에 아주 어렸을 것임에 틀림없다. 나의 짐작엔 열여덟 살 정도라면 자연스러울 것 같다. 그러나 나는 우리가 살고 있는 연도가 실제로 몇 년인지 확실히 모른다. 모든 계산이 엉망이 되어버린다. 더욱이, 그 공격은 괴테가 '자연'(Nature)에 관해 쓴 유명한 에세이에 들어 있었다.

이 꿈에 등장하는 미스터 M이라는 사람이 시적 혹은 문학적 관심이 전혀 없는 젊은 사업가라는 점을 언급한다면, 꿈의 모순이 더욱 두드러지게 된다. 이 꿈에 대한 나의 분석이 이런 혼란에 어떤 질서가 숨어 있는지를 보여줄 것이다. 이 꿈은 3가지 원천에서 재료를 끌어냈다.

1. 내가 만찬장에서 소개를 받은 미스터 M이 어느 날 나에게 정신 이상 조짐을 보이는 자기 형을 좀 검사해 달라고 부탁했다. 환자와 대화를 하는 중에 불쾌한 에피소드가 하나 생겼다. 그가 자기 동생이 '젊었을 때 저지른 탈선행위'를 아무런 계기도 없이 불쑥 털어놓은 것이다. 나는 환자에게 '출생 연도'(꿈에서는 '사망 연도')를 물은 데 이어 그의 기억력 감퇴를 확인하기 위해 다양한 계산을 해보라고 부탁했다.

2. 표지에 나의 이름을 걸고 있는 어느 의학 잡지가 베를린에 사는 나의 친구 미스터 F의 책에 대한 서평을 게재했다. 형편없는 내용의 서평이었다. 애송이 평론가가 펜을 마음대로 굴린 것이었다. 나는 잡지 편집장에게 연락했다. 편집장은 진정으로 유감을 표시했

으나 서평에 대한 정정을 약속하지는 않았다. 그래서 나는 잡지와의 연결을 끊었지만, 사직서에는 그래도 우리의 개인적 관계가 그 일로 타격을 입는 일은 없었으면 좋겠다는 뜻을 밝혔다. 나의 친구의 책이 경멸적인 대접을 받았다는 사실이 나에게 강한 인상을 남겼다. 내 판단에 그 책에 생물학적으로 중요한 발견이 담겨 있었다. 그 발견은 몇 년이 지난 지금에서야 교수들 사이에 호의적인 평가를 받기 시작했다.

3. 조금 전에 어떤 여자 환자가 남동생의 병에 관한 이야기를 들려주었다. 정신이 나간 상태에서 '네이처, 네이처!'라고 외친다는 것이었다. 의사들은 이 외침이 괴테의 아름다운 에세이에 관한 연구에서 비롯되었다고 생각하면서 환자가 과로하고 있다는 점을 암시했다. 나도 나름의 의견을 제시했다. 내 판단엔 '네이처!'라는 외침을 이 나라 사람들 중에서 교육 수준이 낮은 사람들에게 알려져 있는 성적 의미로 받아들이는 것이 더 바람직해 보였다. 이 관점에 뭔가 중요한 것이 들어 있었던 것 같다. 나중에 불행한 청년이 자신의 성기를 스스로 잘라버렸으니 말이다. 정신 이상을 보였을 때 환자의 나이는 열여덟 살이었다.

자아 뒤에서 작동하고 있는 꿈 사고들에서 가장 중요한 인물은 억울하게 모욕을 당한 나의 친구였다. '지금 나는 연대기적 관계를 파악하려고 애쓰고 있다.'고 했다. 친구의 책은 삶의 연대기적 관계에 대해 말하고 있다. 특히 생물학적으로 중요한 여러 가지 방법으로 괴테의 삶과 많은 날들 사이의 상관관계를 밝히고 있다.

그러나 꿈에서 자아는 무력한 존재로 나타나고 있다('나는 우리가 살고 있는 연도가 실제로 몇 년인지 확실히 모른다.'). 꿈은 나의 친구를 무력한 사람처럼 처신하는, 그리하여 부조리하게 소란을 피우는 존재로 표현하고 있다. 그러나 꿈 사고들은 반어적으로 전개된다. "당연히 그 사람은 광인이고 바보이며 당신은 그 문제에 대해 훤히 알고 있는 천재이다. 그런데 실제로 보면 그 반대일 수도 있지 않을까?"

꿈에서 이런 반전이 일어나는 대목은 괴테가 젊은이를 공격하는 때이다. 터무니없는 일이다. 한편, 오늘날엔 아무리 어린 사람일지라도 위대한 괴테를 쉽게 공격할 수 있다.

여기서도 나는 자기 본위적인 감정에 의해 촉발되지 않는 꿈은 결코 없다는 주장을 고수할 준비가 되어 있다. 꿈속의 '자아'는 나의 친구만을 나타내는 것이 아니라 나 자신도 의미한다. 나는 나 자신을 친구와 동일시하고 있다. 이유는 그의 학문적 발견이 겪는 운명이 나 자신의 발견이 세상 사람들에게 받아들여지는 모습을 상징하는 것처럼 보였기 때문이다. 만약에 내가 성적 욕망('네이처! 네이처!'라고 외친 18세 환자를 상기하길 바람)이 정신신경증의 중요한 요인이라는 이론을 발표한다면, 나에게도 그와 똑같은 비판이 쏟아질 터였다. 꿈 사고들을 더욱 면밀히 파고들면서, 나는 '경멸'과 '멸시'만이 꿈의 부조리한 면과 연결된다는 것을 확인한다.

베네치아의 리도라는 해변에서 깨어진 양(羊)의 두개골이 발견된 것이 괴테에게 소위 '두개골의 척추 이론'에 관한 힌트를 주었다는 것은 널리 알려진 이야기이다.

나의 친구는 학창 시절에 어느 노 교수가 연구 실적은 좋으나 '노쇠한' 체력 때문에 더 이상 학생들을 잘 가르치지 못하게 되었다는 이유로 교수에게 은퇴를 요구해 물의를 일으킨 일을 자랑삼아 늘어놓았다. 당시에 나의 친구가 처음으로 일으킨 논쟁은 대단히 성공적이었다. 이유는 독일 대학들이 학문적인 활동에 '연령 제한'을 두고 있지 않았기 때문이다. 나이는 어리석은 행동을 막는 장치가 절대로 될 수 없다.

이곳 병원에서 나는 어떤 책임자 밑에서 몇 년 동안 봉사하는 영광을 누렸다. 그런데 이 책임자는 오래 전에 화석이 된 듯 시대에 많이 뒤처지고 수십 년 동안 '의지가 약한' 인물로 이름이 높았는데도 막중한 자리를 계속 지켜 왔다. 리도 해변에서 있었던 발견을 닮은 어떤 특징이 나로 하여금 이 대목에서 리도 해변의 발견을 떠올리게 했다. 병원에서 일하던 젊은 동료들이 당시에 유행하던 속어, 이를 테면 "괴테는 그런 걸 절대로 쓰지 않았어."라거나 "실러는 그런 걸 절대로 쓰지 않았어."라는 표현을 빌려 이런저런 방식으로 언급하던 인물이 바로 이 책임자였다.

아직 꿈 작업에 대한 평가가 모두 이뤄지지 않았다. 압축과 치환,

정신적 재료들의 배열 외에 우리는 꿈 작업의 활동을 한 가지 더 살펴야 한다. 모든 꿈에 두루 적용되는 활동은 아니다. 나는 꿈 작업의 이 활동에 대해 속속들이 규명할 생각은 없다. 단지 이 활동에 대한 개념만 전할 생각이다. 이 개념을 파악하는 가장 손쉬운 방법은, 다른 활동과 비교해 불공평하게 들릴지 모르지만, 이 활동이 '이미 구축되어 있는 꿈 내용에만 영향을 미친다'는 점을 당연한 것으로 받아들이는 것이다.

꿈 작업의 이 활동은 꿈의 각 부분들이 서로 조화를 이루도록 다듬는 것이다. 말하자면 퇴고(推敲) 작업을 하는 셈이다. 그러면 각 부분들이 일관성 있는 하나의 전체가 된다. 꿈이 일종의 외양(外樣)을 얻는다고 할 수 있다. 그래도 이 외양이 꿈의 내용 전부를 숨기지는 못한다. 거기엔 삽입과 간단한 변형을 통해 강화할 수 있는 일종의 예비적 설명 같은 것이 있기 마련이다.

꿈의 내용을 그런 식으로 다듬는 작업이 지나치게 두드러져선 안 된다. 이 작업으로 인해 꿈 사고에 일어나는 왜곡은 반드시 피상적이다. 꿈을 분석하는 작업의 첫 부분이 바로 이 왜곡을 제거하는 일이다.

꿈 작업 중 이 부분이 일어나는 동기는 쉽게 파악된다. 마지막 단계에서 이런 식으로 꿈을 정교하게 다듬는 작업은 '명료성'을 높이기 위한 것이다. 동시에 꿈의 실질적 내용을 암시하는 어떤 행위의 기원을 드러내는 작업이기도 하다. 우리의 일상적인 정신 행위가 은연중에 우리의 인식을 드러내는 것과 다를 바가 없다.

이리하여 꿈 내용은 어떤 기대들을 내비치는 가면 아래에 안전하게 지켜지고, 명료성을 바탕으로 지각적으로 분류되고, 이 분류로 인해 약간의 왜곡까지 겪는다. 한편, 꿈이 낯익은 것들과 아무런 관계를 형성하지 않는 곳에서 사실 가장 심각한 오해들이 일어난다.

연속적으로 이어지는 낯선 기호들을 보거나 잘 모르는 어휘들이 오가는 토론을 들어야 하는 상황에 처한다면, 먼저 익숙한 것에 의존함으로써 기호나 어휘들의 명료성을 높이는 과정을 거치지 않고는 그런 것들을 이해하지 못한다. 이런 식의 퇴고를 거친 꿈을 적절히 구성된 꿈이라고 부를 수 있으며, 이 퇴고는 깨어 있는 동안에 일어나는 정신작용과 모든 면에서 비슷하다.

꿈의 각 부분을 정교하게 다듬는 노력이 전혀 이뤄지지 않는 꿈도 있다. 또 꿈의 내용에 질서나 의미를 부여하려는 노력조차 시도하지 않은 꿈도 있다. 그런 꿈은 꽤 '뒤죽박죽'이다. 사람이 잠에서 깨어나면서 자신과 동일시하는 것이 바로 꿈 작업의 마지막 단계인 퇴고 단계일 때, 꿈이 그런 식으로 보인다.

그러나 지금까지 분석을 통해 확인한 바에 따르면, 단절된 파편들의 메들리처럼 느껴지는 꿈도 매끈하게 다듬은 외양의 꿈 못지않게 중요하다. 단절된 파편들의 메들리처럼 느껴지는 꿈은 오히려 우리가 꿈 내용의 퇴고 과정을 해부하는 수고를 아낄 수 있도록 해 준다.

그럼에도 우리가 꿈의 외양에서 꿈이 우리의 정신생활의 요청에 따라 다소 독단적으로 수행한 퇴고만을 본다면, 그것은 실수가 될 것이다. 이 겉모습을 다듬는 일에, 꿈 사고들에 이미 담긴 소망과 공상이 동원되는 경우도 드물지 않다. 이 소망과 공상은 우리가 깨어 있을 때 갖는 소망이나 공상과 비슷하다. 이렇게 보면 '백일몽'이라는 단어는 아주 적절한 표현이다.

밤에 꾼 꿈을 분석한 결과 드러나는 이런 소망과 공상들이 어린 시절의 장면들을 그대로 반복하거나 배열을 바꾼 경우가 종종 있다. 따라서 꿈의 외양이 다른 재료들과의 혼합을 통해 왜곡되기 마련인 꿈의 진짜 핵심을 우리에게 직접적으로 보여줄 수도 있다.

이 4가지 활동 외에 꿈 작업에서 발견될 것은 따로 없다. 꿈 작업은 꿈 사고들을 꿈 내용으로 바꾸는 것이라는 정의를 그대로 받아들인다면, 우리는 꿈 작업이 창의적이지 않다는 점을 인정해야 한다. 꿈 작업은 스스로 공상을 만들어내지도 못하고, 판단을 내리는 일도 없으며, 결정을 내리는 일도 절대로 없다. 꿈 작업은 꿈 재료를 압축과 치환을 위해 준비시키고 극화(劇化)를 위해 재료를 다시 고치는 일밖에 하지 않는다. 여기에 우리가 마지막에 살핀, 명료성을 높이기 위한 퇴고가 더해진다.

꿈의 내용에 이외의 다른 지적 작업의 결과로 이해 가능해지는 것들이 많이 들어 있는 것은 사실이다. 그러나 분석을 통하면 이런 지적 작용들이 이미 꿈 사고들 안에 들어 있었으며 이 작용들이 꿈 내용으로 넘어갔다는 사실이 매번 최종적으로 확인된다.

꿈 내용의 삼단논법은 꿈 사고들 속에 나타나는 삼단논법을 반복하는 것에 지나지 않는다. 이 삼단논법이 아무런 변화를 겪지 않고 그대로 꿈 내용으로 넘어갔다면, 삼단논법이 눈에 거슬리지 않을 것이다. 이 삼단논법이 꿈 작업 과정에 다른 재료로 옮겨갔다면, 삼단논법은 모순처럼 보인다.

꿈 내용에 등장하는 계산은 단지 꿈 사고 속에 계산이 있었다는 것을 의미할 뿐이다. 이 말은 언제나 맞다. 하지만 꿈에 등장하는 계산은 요소들의 압축과 치환 등으로 인해 괴상해 보일 것이다.

꿈 내용에 나오는 말조차도 새로운 창작이 아니다. 말은 우리가 직접 했거나 들었거나 읽은 진술의 조각들을 모아 엮은 것으로 확인된다. 이때 말 자체는 충실히 복사된다. 하지만 그 말이 나온 당시의 사건은 무시되고, 말의 의미도 크게 바뀐다.

지금까지 내가 강조한 주장들을 구체적인 예를 들어가며 설명하는 것도 도움이 될 것이다. 어떤 환자가 꾼 꿈으로, 얼른 보기에도 어색하지 않고 잘 다듬어져 있다.

여자 환자는 바구니를 든 여자 요리사와 함께 시장으로 가고 있었다. 그녀가 정육점 주인에게 자신이 좋아하는 고기가 있느냐고 묻자 주인이 "다 팔렸어요."라면서 다른 고기를 팔려고 들었다. 주인은 "이 고기도 육질이 아주 좋아요."라고 말했다. 그녀는 주인의 제안을 거절하고 식료품 가게로 갔다. 그런데 이 식료품 가게의 주인은 그녀에게 다발로 묶은 검정색의 희한한 채소를 팔려고 했다. 그러자 그녀는 "내가 모르는 것이군요. 안 살 거예요."라고 말했다.

여기서 "다 팔렸어요."라는 말은 그녀의 정신치료에서 비롯된 것이었다. 며칠 전에 내가 환자에게 어린 시절 초기에 관한 기억은 '다 사라지고', 그 자리를 '전이'(轉移: 어떤 대상을 향하던 감정이 다른 대상으로 옮아가는 현상/옮긴이)와 꿈들이 대신 차지한다고 일러주었다. 그렇다면 이 꿈에 등장하는 정육점 주인은 바로 의사인 나이다.

두 번째 말 "내가 모르는 것이군요."라는 표현은 이와 매우 다른 연결에서 비롯되었다. 전날 그녀는 요리사(이 인물 또한 꿈에 나타난다)를 불러 큰 소리로 꾸짖었다. "제발, 처신 좀 잘 하도록 해. 난 그따위 행동은 몰라."라고. 말하자면 "나는 그런 종류의 행동을 몰라. 나라면 그렇게 행동하지 않았을 거야."라는 뜻이었다.

이 말 중에서 해(害)가 덜한 부분이 꿈 내용의 치환에 의해 꿈에 나타났다. 꿈 사고에서는 그 말 중 다른 부분만이 의미를 지닌다. 이유는 꿈 작업이 상상의 어떤 상황을, 그런 꾸짖음이 절대로 드러나지 않고 또 전혀 거슬리지 않는 상황(어떤 의미에서 보면 내가 이 여자 환자에게 부적절하게 처신하고 있다)으로 바꿔놓았기 때문이다. 그러나 이런 공상을 낳고 있는 상황은 실제로 일어난 상황의 새로운 버전에 불과하다.

겉보기에 무의미해 보이는 다음 꿈은 숫자를 암시하고 있다.

그녀가 무엇인가를 사고 돈을 지급하려 한다. 그녀의 딸이 그녀의
지갑에서 3플로린 65크로이처를 꺼낸다. 그러자 그녀가 말한다.
"도대체 왜 그래? 겨우 21크로이처인데."

이 꿈을 꾼 사람은 아이를 빈의 학교에 맡긴 타지 사람이었으며,
딸이 빈에 있는 동안에만 나의 치료를 받을 수 있는 입장이었다. 이
꿈을 꾸기 전날, 딸이 다니는 학교의 여교장이 그녀에게 아이를 1
년 더 학교에 다니도록 하라고 권했다. 그러면 그녀는 치료를 1년
더 연장할 수 있을 것이다.

돈이 곧 시간이라는 사실을 떠올린다면, 꿈속의 숫자가 아주 중요
해진다. 1년은 365일, 또는 크로이처로 표현하면 3플로린 65크로이
처, 365크로이처가 된다. 21크로이처는 꿈을 꾼 날로부터 학기 종료
시점까지, 다시 말해 치료가 끝나는 시점까지 남은 3주일과 일치한
다. 이 여인이 여교장의 제안을 거부한 것은 경제적 고려 때문임이
분명하다. 그것이 꿈속에서는 오히려 금액의 사소함으로 나타난다.

젊은 나이이지만 이미 결혼 생활이 10년이나 되는 여인이 동갑
친구 미스 L이 약혼을 하게 되었다는 소식을 들었다. 이것이 다음
과 같은 꿈으로 이어졌다.

그녀는 자기 남편과 극장에 앉아 있었다. 웬일인지 한쪽 자리가 비어 있었다. 남편이 그녀에게 미스 L과 그녀의 약혼자도 극장에 올 생각이었으나 3장에 1플로린 50크로이처 하는 좋지 않은 좌석밖에 없어서 오지 않았다고 일러주었다. 그녀의 의견엔 그까짓 좌석 따위는 문제가 되지 않을 것 같았다.

숫자들이 꿈 사고들의 자료에서 비롯되었고, 숫자가 변형을 겪는다는 사실이 흥미롭다. 1플로린 50크로이처라는 숫자는 도대체 어디서 왔을까? 전날 일어난 시시한 사건에서 비롯되었다. 그녀의 시누이가 남편으로부터 선물로 150플로린을 받아 장식품을 사는 데 몽땅 써버렸다. 150플로린이면 1플로린 50크로이처의 100배라는 사실에 유의하라. 티켓과 관련하여 거론되는 3이라는 숫자의 경우에는 오직 미스 L이 이 꿈을 꾼 사람보다 정확히 3개월 더 어리다는 사실과 연결될 뿐이다.

꿈속의 장면은 그녀가 남편으로부터 자주 놀림을 받았던 작은 사건의 반복이다. 언젠가 그녀는 연극 티켓을 제때 구입하려고 바쁘게 서둘렀던 적이 있다. 그런데 그녀가 극장에 들어섰을 때 좌석의 거의 반이 빈 상태였다. 말하자면 그녀가 서두른 것이 다 부질없는 짓으로 확인되었던 것이다. 우리는 꿈에 나타나는 모순점, 즉 두 사람이 관람하는 데 티켓을 3장 구입해야 한다는 점을 간과해서는 안 된다.

이제 꿈 사고를 분석하자. 그녀가 그렇게 일찍 결혼한 것부터 어리석은 짓이었다. '나는 그렇게 서둘 필요가 없었어.' 미스 L의 예는 꿈을 꾼 나의 환자에게 남편을 먼 훗날 만날 수도 있었다는 점을 보여준다. 그녀가 기다렸더라면 백배는 더 나았을 것이다. 그 돈(신부의 지참금)이면 그런 남자 3명은 살 수 있을 테니.

3장

꿈이 욕망을
감추는 이유는?

지금까지의 분석을 통해 이제 꿈 작업에 대해 어느 정도 알게 되었
다. 꿈 작업을 매우 특별한 정신 과정으로 보는 것이 맞다. 우리가
아는 한, 이 정신 과정은 다른 어떤 것도 닮지 않았다. 꿈 작업의 결
과물인 꿈이 우리의 내면에 불러일으키는 당혹감은 꿈 작업 때문
인 것 같다.

　사실 꿈 작업은 히스테리 증후들과 병적 공포감, 강박관념, 환각
등의 기원으로 돌려야 할 정신 과정들의 집단이 있다는 것을 처음
으로 확인해주고 있다. 이 정신 과정들에 반드시 나타나는 특징이
압축과 치환이다. 둘 중에서 치환이 특히 더 두드러진다. 한편, 외
양에 대한 관심은 꿈 작업에만 나타나는 특징이다.

이런 식의 설명이 꿈을 정신질환의 형성과 같은 차원에 놓게 된다면, 꿈이 구축되는 과정을 확실히 파악하는 것이 매우 중요해진다. 수면 상태뿐만 아니라 정신질환까지도 피할 수 없는 상황이 아니라는 말에 아마 많은 사람들이 놀라움을 표시할 것이다.

건강한 사람들이 일상생활에서 겪는 현상들을 한번 들여다보라. 그러면 건망증이 다반사로 일어나고 있다는 사실이 확인될 것이다. 말을 하다가도 적절한 표현을 까먹기 일쑤이며, 물건을 들고 있다가도 자기도 모르게 놓아버리는 경우도 있다. 실수도 정말 많이 저지른다. 이 모든 현상이 바로 꿈과 앞에서 열거한 정신질환의 정신적 메커니즘과 비슷한 것에 의해 일어난다.

치환이 문제의 핵심이며 모든 꿈 작업 중에서 가장 인상적이다. 이 주제를 깊이 파고들면, 치환의 핵심적인 조건이 순전히 심리적이라는 사실이 확인된다. 치환은 동기(動機)의 본질에 속한다. 꿈의 분석에서 결코 피할 수 없는 경험들을 철저히 검토하기만 하면, 문제의 핵심에 닿을 수 있는 길을 제대로 찾을 수 있다.

나는 어떤 여인이 나에게 관심을 쏟던 꿈을 분석하면서 꿈 사고들의 관계를 더 이상 파고들지 않았다. 이유는 거기서 다른 사람들에게 알리고 싶지 않은 어떤 경험이 발견되었기 때문이다. 그 경험을 드러냈다가는 나의 프라이버시가 심각한 손상을 면하기 어려운 실정이었다. 그때 나는 그 특별한 꿈 외에 다른 꿈을 선택하더라도 마찬가지로 곤경에 처하게 된다는 사실을 덧붙였다.

내용이 애매하거나 복잡하게 꼬인 꿈이면 어김없이 비밀이 요구되는 꿈 사고가 나타나기 때문에 다른 꿈을 분석 대상으로 삼더라도 여전히 그런 한계에 봉착하게 된다. 그러나 만약에 내가 나의 꿈에 얽혀 있을지 모르는 타인들을 고려하지 않고 나 자신을 위해서 그 꿈을 계속 분석한다면, 결국엔 나 자신마저도 크게 놀랄 몇 가지 생각에 이르게 될 것이다. 이 생각들은 나에게도 낯설어 보일 뿐만 아니라 불쾌하기까지 하다. 나 자신이 강력히 부정하고 싶은 그런 꿈 사고인 것이다.

그럼에도 꿈을 분석하는 동안에 생각들이 파도처럼 밀려온다. 그러면 나는 그 생각들이 실제로 나의 정신생활의 한 부분이며 정신적 강도, 즉 에너지를 갖고 있다는 점을 인정함으로써만 이 상황들을 고려할 수 있다. 그러나 어떤 특별한 심리적 조건 때문에 그 생각들이 나에게 의식되지 않을 수 있다. 이런 특별한 심리적 조건을 나는 '억압'(repression)이라고 부른다. 따라서 꿈의 내용에 나타나는 모호함과 억압의 상태 사이에 어떤 인과적 관계가 있다는 점을 인정하지 않을 수 없다.

이런 사실들을 바탕으로 나는 꿈 내용이 모호한 원인이 바로 이런 꿈 사고를 숨기려는 욕구 때문이라고 결론을 내린다. 그래서 나는 꿈 왜곡이 꿈 작업의 행위에 의한 것이라고, 또 치환을 꿈 사고를 숨기는 목적에 도움이 되는 행위라고 결론을 내리게 되었다.

나는 이 같은 결론을 나 자신의 꿈을 통해 점검하면서 스스로에게 이런 질문을 던진다. 왜곡된 형태로 나타날 때에는 거의 아무런 해(害)가 없는데도 실제의 형태로 나타날 경우에 나로부터 격렬한 반대를 불러일으키는 생각은 도대체 어떤 것인가? 공짜로 친구의 택시에 편승한 것이 나의 친척 한 사람과 마지막으로 즐긴 값비싼 드라이브를 떠올리게 한 것으로 나는 기억하고 있다. 그 꿈의 해석은 이렇다. 나는 한번쯤 경제적 부담을 지지 않는 가운데 애정을 경험하기를 원했음에 틀림없다. 꿈을 꾸기 직전에 나는 바로 그 친척을 대신해서 상당한 금액을 지불해야 했다.

이 연결에서 보면, 나는 그 지출에 대한 후회를 떨치지 못하고 있다. 내가 이런 감정을 인정할 때에만, 꿈에서 나 자신이 경비 지출이 전혀 수반되지 않는 사랑을 원하고 있다는 풀이가 그럴 듯하게 들린다. 그럼에도 나는 그 돈을 지불해야 하는 입장에 처했을 때 한순간의 망설임도 없었다는 점을 양심을 걸고 말할 수 있다. 내면의 역류(逆流)나 다름없는 후회는 나에게 의식되지 않았다. 이 후회가 왜 무의식적으로 일어났는가 하는 것은 또 다른 질문이며, 이 질문을 파고들다 보면 우리가 알고 있는 것과 전혀 다른 대답이 나올 수 있다.

나의 꿈 대신에 다른 사람의 꿈을 분석 대상으로 삼더라도 결과는 똑같다. 그러나 내가 다른 사람들을 납득시키는 방법은 달라진다. 건강한 사람의 꿈인 경우에, 꿈을 꾼 사람이 억압된 생각을 받아들이도록 할 수 있는 유일한 길은 꿈 사고의 통일성이다.

이 설명을 받아들일 것인지 여부는 꿈을 꾼 사람의 자유이다. 그러나 신경증으로, 예를 들어 히스테리로 고생하는 사람을 치료하고 있다면, 이런 억압된 생각들에 대한 인정이 반드시 이뤄지게 되어 있다. 억압된 생각들이 질환의 증후들과 관계가 있고, 더 나아가 증후를 버리려고 노력하는 한편으로 억압된 생각들을 받아들이려할 경우에 병에 차도(差度)가 나타나기 때문이다.

입장권 3장의 가격이 1플로린 50크로이처였던 꿈을 꾼 환자를예로 들어보자. 꿈을 분석한 결과, 그녀가 남편에 대해 별로 탐탁하게 생각하지 않고 있었으며, 그와 결혼한 것을 후회하고, 남편을 다른 사람으로 바꾸었으면 좋겠다는 희망을 품은 것으로 드러났다. 그녀가 남편을 사랑하고 있다고 말하고 있고, 그녀의 감정생활이남편에 대한 경시(백배는 더 나았을 텐데!)에 대해 아무것도 모르고 있는 것은 진실이다.

하지만 그녀의 모든 증후들은 앞부분에서 말한 결론으로 이어진다. 억눌려 있던 기억들이 되살아나면서 그녀가 남편을 사랑하지않는다는 사실을 의식한 어떤 시기를 떠올려 주었을 때, 그녀의 증후가 사라졌다. 그와 동시에 꿈의 해석에 대한 저항도 사라졌다.

억압의 개념을 이런 식으로 확정하고 또 동시에 억눌려진 정신적사건과 관련해서 꿈의 왜곡이 이뤄진다는 점을 인정하기만 하면, 우리는 꿈의 분석에서 나오는 중요한 결과들을 바탕으로 일반적인어떤 설명을 제시할 수 있는 위치에 서게 된다. 우리는 아주 명료하고 의미 있는 꿈들이 실현되지 않은 욕망이라는 것을 배웠다. 꿈들이 실현된 것으로 그리는 욕망들은 의식에 알려져 있는 것들이고, 또 깨어 있던 시간으로부터 꿈으로 넘어온 것이며, 관심을 끌던 것들이다.

애매하고 복잡한 꿈들을 분석해도 이와 아주 비슷한 것이 드러난다. 꿈 장면이 대개 꿈 사고들에서 나온 어떤 소망이 실현되는 것으로 그리고 있지만, 그 그림은 식별 불가능하며 오직 분석을 통해서만 선명하게 드러난다. 소망 자체는 억눌려 있어서 의식에 잡히지 않거나 억눌려진 생각들과 밀접히 연결되어 있다. 그래서 이런 꿈들은 한마디로 이렇게 요약될 수 있다. 꿈들은 억압된 욕망을 은밀히 실현시키는 것이라고.

여기서 꿈을 미래의 예견으로 보는 사람들이 옳았다고 말해야 한다는 사실이 참으로 흥미롭다. 그러나 꿈이 우리들에게 보여주는 미래는 앞으로 일어날 미래가 아니고 우리가 일어났으면 하고 바라는 미래일 뿐이다. 여기서 나름의 민족 심리학이 비롯된다. 민족 심리학은 현실로 일어났으면 좋겠다 싶은 것들을 믿는다.

꿈과 욕망 실현의 관계에 따라, 꿈을 3개의 집단으로 나눌 수 있다. 첫째, 억눌린 욕망이나 숨겨진 욕망이 전혀 보이지 않는 꿈이 있다. 아이들이 자주 꾸는 꿈들이 이 부류에 속한다. 이 집단의 꿈은 나이가 들수록 점점 줄어든다.

둘째, 억압된 욕망이 베일에 가려진 형태로 표현되는 꿈이 있다.

우리가 꾸는 꿈들 중에서 아주 많은 것이 이 집단에 속한다. 이런 꿈들을 제대로 이해하려면 분석이 필요하다.

세 번째 집단은 억압이 존재하기는 하지만 은폐가 전혀 없거나 조금 있는 꿈들로 이뤄져 있다. 이런 꿈에는 반드시 공포의 감정이 수반된다. 바로 이 공포의 감정 때문에 꿈이 끝나게 된다. 여기선 공포의 감정이 꿈 치환을 대신하고 있다. 꿈에 무시무시한 공포로 나타나는 그것이 한때 욕망이었다가 지금은 거의 억압 상태에 놓여 있는 것이라는 점을 입증하기는 그리 어렵지 않다.

또한 꿈에 불안의 흔적이 전혀 없는데도 내용이 고통스런 꿈도 있다. 이런 꿈은 공포의 꿈으로 분류되지 않는다. 그러나 이런 꿈은 꿈들이 하찮다거나 정신적으로 아무런 효용이 없다는 점을 입증하는 증거로 늘 거론된다. 이런 꿈을 분석하면 두 번째 집단에 속하는 꿈이라는 사실이 드러난다. 억눌려 있는 욕망이 철저히 숨겨진 가운데서 실현되는 내용의 꿈인 것이다. 이런 꿈의 분석에서 치환 작업이 욕망 은폐에 대단히 훌륭하게 적용되고 있다는 사실이 확연히 드러난다.

어느 소녀의 꿈을 보자. 소녀 앞에 언니의 하나밖에 남지 않은 아이가 죽어서 누워 있었다. 주변 환경은 언니의 첫 아이가 죽어 누워 있던 몇 년 전과 똑같았다. 그럼에도 소녀는 슬픔을 전혀 느끼지 않았다. 당연히 소녀는 그 장면이 자신의 욕망을 나타내는 것이라는 의견을 부정했다.

몇 년 전, 소녀가 자신이 사모하던 남자를 마지막으로 보고 말을 걸었던 것이 언니 아이의 장례식이었다. 만약에 언니의 둘째 아이가 죽는다면, 그녀가 언니의 집에서 그 남자를 다시 볼 수 있을 것이 확실했다. 소녀는 그 남자를 만나고 싶은 마음이 간절한데도 애써 그런 감정을 억누르려 노력하고 있었다.

꿈을 꾼 날, 그녀가 어떤 강연을 듣기 위해 입장권을 구입했는데, 이유는 강연에 그녀가 그렇게나 사모하던 남자가 등장하게 되어 있었기 때문이다. 이 꿈은 단지 조바심에 따른 꿈일 뿐이다. 여행이나 공연 관람 또는 예상된 어떤 즐거움이 실제로 일어나기 전에 흔히 꾸는 그런 꿈에 지나지 않는다.

그녀의 욕망은 즐거운 감정을 절대로 기대할 수 없는 장례식으로 바뀐 장면 전환에 감춰져 있다. 장례식은 즐거운 감정이 일어날 수 없는 장소이지만, 그녀에겐 즐거운 경험이 벌어진 곳이었다. 더 나아가, 꿈속의 감정적 행동이 치환된 것에 적절한 것이 아니라 진정하지만 억눌려 있는 꿈 사고에 적절하다는 점에 주목하라. 그 장면은 오랫동안 고대해 온 만남을 예고하고 있다. 거기엔 고통스런 감정을 일으킬 요소는 하나도 없다.

지금까지 철학자들이 억압의 심리학을 파고들도록 할 계기가 전혀 없었다. 이젠 이 미지의 영역으로 들어가는 첫걸음으로 꿈의 기원에 관한 개념 몇 가지를 명쾌하게 정립하는 것이 허용되어야 한다. 꿈에 관한 연구를 통해 공식화한 체계만도 이미 다소 복잡한 것은 사실이지만, 우리는 그보다 더 간단하면서도 만족스런 체계를 발견하지 못한다.

정신 장치는 생각의 구축을 위해 두 개의 과정을 갖고 있다. 이 중 두 번째 과정은 거기서 나온 산물이 의식으로 가는 경로를 발견한다는 이점을 갖고 있는 반면에, 첫 번째 과정의 활동은 그 과정 자체에도 알려져 있지 않으며 두 번째 과정을 통해서만 의식에 도달할 수 있다.

이 두 가지 과정의 경계 지점에, 즉 첫 번째 과정이 두 번째 과정으로 넘어가는 지점에 검열관이 지키고 서 있으면서 자기 마음에 드는 것만 통과시키고 그 외의 것은 모조리 감춰 버린다. 우리의 정의에 따르면, 이 검열관으로부터 통과를 거부당한 것들이 억압 상태에 놓이게 된다.

어떤 조건에서, 잠을 자는 상태도 그런 조건 중 하나인데, 두 과정 사이에 힘의 균형이 바뀌면서 억압되어 있던 것들도 더 이상 억눌려 있지 않게 된다. 잠을 자는 상태에서, 검열관의 나태로 인해 이런 현상이 일어날 것이다. 그러면 지금까지 억눌려 있던 것들이 의식에 닿는 길을 발견할 것이다.

그러나 그렇다고 해서 검열관이 경계선에서 사라지는 것이 아니고 잠시 경계를 늦추고 있는 상황이기 때문에, 검열관을 달래기 위해서 약간의 변형을 허용해야 한다. 이런 경우에 의식으로 들어가게 되는 것은 일종의 절충이다. 한 과정이 계획하고 있는 것과 다른 과정이 요구하는 것 사이의 타협인 셈이다.

억압, 검열관의 근무 소홀, 절충이야말로 다른 많은 심리적 과정이 시작하는 바탕이 아닌가. 그런 것들이 꿈의 바탕이 된다는 점에 대해선 두말할 필요가 없다. 그런 절충에서 우리가 꿈 작업에서 발견한 압축과 치환의 과정과 피상적인 연상(聯想)의 수용 등이 관찰된다.

꿈 작업에 대한 우리의 설명에 어떤 역할을 한 악마적인 요소를 부정하는 것은 우리에게 도움이 되지 않는다. 그런 요소의 역할을 받아들이는 가운데 모호한 꿈이 형성되는 과정을 보면 다음과 같은 인상을 받을 것이다. 어떤 사람이 할 말이 있는데, 그 말을 자신이 모든 것을 의지하고 있는 다른 사람에게 기분 좋게 들리도록 만들어야 하는 상황에 처한 것처럼 보일 것이다.

이런 이미지를 이용해 우리는 꿈 왜곡과 검열의 개념을 쉽게 이해하려고 노력하고 있으며, 우리가 얻은 인상을 다소 거칠긴 해도 심리학적 이론으로 다듬어내려고 노력했다. 앞으로 첫 번째 과정과 두 번째 과정에 대한 설명으로 어떤 것이 더 나올지 모르지만, 두 번째 과정이 의식으로 들어가는 입구를 지키고 있으면서 첫 번째 과정을 의식에서 배제시킬 수 있다는 점은 그대로 진실로 통할 것이라고 나는 믿는다.

잠자는 상태가 극복되기만 하면, 검열관은 지배권을 완전히 다시 찾을 뿐만 아니라 힘이 약해졌을 때 의식으로 넘어가도록 내버려

됐던 것까지 취소할 수 있게 된다. 꿈을 망각하는 것이 이 같은 현상을 부분적으로 설명해주지 않을까?

우리는 경험을 통해서 그런 사실을 거듭 확인하고 있다. 꿈에 대한 이야기를 풀어놓는 중에나 아니면 꿈을 분석하는 도중에 꿈의 일부 조각들이 돌연 망각되는 일이 심심찮게 벌어진다. 그렇게 망각되는 조각들 속에 꿈을 이해하는 데 결정적 도움을 줄 정보들이 들어 있다고 보면 거의 틀림없다. 그 조각들이 망각의 늪으로, 다시 말해 새로운 억압의 상태로 빠져드는 이유도 아마 그런 사실 때문일 것이다.

꿈의 내용을 어떤 욕망의 실현을 표현하고 있는 것으로 보고, 또 꿈의 내용이 모호한 것은 검열관이 억압된 자료에 변형을 가하기 때문인 것으로 보자. 그런 식으로만 본다면, 꿈들의 기능을 파악하는 것은 더 이상 어려운 일이 아니다. 꿈이 잠을 어지럽힌다는 옛말과 정반대로, 우리는 꿈을 수면의 수호자로 본다. 아이들의 꿈에 관한 한, 우리의 견해가 아주 쉽게 받아들여질 것이다.

아이들을 한번 관찰해 보라. 밤이 되어 잠자리에 들거나 피곤해서 침대에 눕는 경우에 아이의 정신 장치를 건드릴 자극만 모두 없애 주면 아이는 금방 잠에 떨어진다. 이때 외부 자극을 차단하는 방법은 잘 알려져 있다. 하지만 잠을 방해할 수 있는 내면의 정신적 자극을 억누를 수 있는 수단은 어떤 것이 있을까?

아이를 재우려 하는 어머니를 한번 보도록 하자. 아이에겐 엄마에게 간청할 것이 너무도 많다. 엄마에게 뽀뽀를 해 달라고 부탁하고, 아직도 더 놀고 싶은 마음이 간절하다. 엄마는 아이의 요구 사항 일부는 들어주고 일부는 과감히 내일로 미룬다. 아이를 애태우는 이런 소망과 요구사항은 분명히 잠을 방해하는 요소들이다.

밤에 잠을 자다가 깨어나 "코뿔소 장난감!"이라고 외치는 나쁜 소년을 그린 재미있는 이야기가 있다. 아이가 정말로 착한 소년이라면 그렇게 울부짖지 않고 코뿔소 장난감을 갖고 노는 꿈을 꾸었을 것이다. 소년은 잠을 자는 동안에 자신의 소망을 실현시켜주는 꿈을 믿는다. 이로써 소망이 소년의 맘에서 사라지며 깊은 잠이 가능해진다. 소년의 믿음이 꿈속의 이미지와 조화를 이룬다는 점을 부정하기 어렵다. 이 소년에겐 환상이나 공상과 현실을 구분할 능력이 아직 없으며, 이 능력은 훗날 얻게 될 것이다.

어른들은 현실과 공상을 구별하는 것을 배웠으며, 소망의 무용함에 대해 익히 잘 알고 있으며, 그런 경험이 쌓인 결과 포부를 곧잘 뒤로 미룬다. 언젠가 외부 세계의 변화를 통해 포부가 간접적으로 허용되는 날까지.

이런 이유로 어른이 잠을 자면서 간단히 정신적인 방법으로 소망을 실현시키는 경우는 드물다. 어른의 경우에 꿈에 소망 실현이 일어나지 않을 수 있다. 아이들의 꿈처럼 보이는 것들까지도 훨씬 더 정교한 설명을 요구한다.

따라서 정신이 건강한 성인의 경우에 예외 없이 아이들이 모르는 정신적 분화가 이뤄졌다고 할 수 있다. 이 단계에 이른 성인들의 정신 과정은 풍부한 인생 경험까지 가세하면서 질투심을 잔뜩 품은 듯 정신적 감정을 지배하고 억제하려 든다.

정신 과정은 의식과의 관계와 자체의 자발적 운동성에 의해 막강한 정신적 파워를 휘두를 수단을 확보하게 된다. 이 정신 과정이 일어나는 동안에, 유아적 감정들 일부는 삶에 무익한 것으로서 억제된다. 그런 까닭에 유아적 감정에서 나온 생각들은 모두 억압의 상태에 처한다.

잠을 자고 싶은 욕구를 느낄 때면, 우리가 일상의 자아를 인식하는 정신 과정은 휴식에 들어간다. 그러면 이 정신 과정은 수면의 정신적 및 생리적 조건 때문에 낮 시간에 욕망을 억압하는 데 동원했던 에너지의 일부를 포기하게 되는 것 같다.

이 같은 태만은 정말 아무런 해를 끼치지 않는다. 아이의 정신의 감정들이 아무리 흥분되어 있을지라도, 이 감정들이 의식에 접근하는 것이 무척 어렵다는 사실을 깨닫고, 또 수면 상태에 놓인 결과 차단되게 된 동작에 접근하는 것 또한 지극히 힘들다는 사실을 깨닫기 때문이다. 그러나 감정들이 잠을 방해할 수 있는 위험은 피해야만 한다. 게다가, 깊은 잠에 곯아떨어져 있을 때조차도 정신적으로 어느 정도의 주의력이 기울여지고 있다는 점을 인정해야 한다. 어쩌면 잠을 계속 자는 것보다 깨어나는 것이 더 현명한 상황이 벌어질 때를 대비한 보호책일 것이다. 그렇지 않고는 우리가 특정한 자극에 언제나 쉽게 잠에서 깨어나는 사실에 대한 설명이 불가능해진다.

독일 생리학자 칼 프리드리히 부르다흐(Karl Friedrich Burdach: 1776-1847)가 지적했듯이, 엄마는 아기의 울음소리에 화들짝 깨어나고, 제분업자는 기계가 멈추는 정적에 깨어나고, 대부분의 사람들은 나직이 들리는 자기 이름 소리에 일어난다.

그런 식으로 경계 상태에 있는 주의력은 억눌린 욕망에서 나오는 내부 자극을 이용하고, 아울러 이 자극을 꿈속으로 융합시킨다. 이때 꿈은 절충을 통해서 두 가지 과정을 동시에 만족시킨다. 우선 꿈은 억눌려 있거나 억압의 도움으로 형성된 소망을 정신적으로 해방시킬 어떤 형식을 창조한다. 꿈이 소망의 실현을 표현하는 한, 그런 해방의 효과가 나타난다. 다른 과정 또한 충족된다. 수면의 지속이 보장되기 때문이다. 여기서 우리의 자아는 흔쾌히 아이처럼 행동한다. 자아가 꿈속의 장면들을 신뢰할 만한 것으로 받아들이는 것이다. 이를 테면 "됐어. 그러니 계속 잠을 자야겠어."라고 말하는 것이나 다름없다.

그러다가도 잠에서 깨어나기만 하면 우리는 흔히 꿈을 경멸한다. 꿈의 내용에 모순되고 논리적이지 못한 구석이 많기 때문이다. 그러나 이 경멸도 아마 잠을 자던 우리의 자아가 억눌려 있던 것들에게 느낀 감정을 근거로 한 논리적 판단에 지나지 않을 것이다. 잠을 자는 동안에도 우리는 이런 경멸을 이따금 자각한다. 꿈 내용이 검열을 훨씬 능가하는 것이다. 그러면 우리는 "꿈일 뿐이야."라고 생각하면서 계속 잠을 청한다.

만약에 꿈이 수면을 방해하는 것을 막기 위해서 꿈의 기능이 더 이상 작동하지 않는 그런 경계선이 있다면, 앞에 말한 관점에 반대할 이유가 전혀 없다. 무시무시한 공포의 꿈이 그런 예에 속한다. 이런 꿈의 경우에 꿈의 기능이 다른 것으로 바뀐다. 적절한 때에 수면을 중단시키는 것이다.

이때 꿈은 마치 정신을 똑바로 차리고 있는 야경꾼처럼 행동한다. 처음에는 시민들의 수면을 방해하지 않기 위해 거리의 소란을 정리하다가도 도심에서 어떤 문제가 일어났는데 그 원인이 심각하여 자기 혼자선 해결하지 못하겠다는 판단이 설 때면 다시 시민들을 모두 깨움으로써 자신의 임무를 다하는 야경꾼이 바로 그 꿈과 비슷하지 않은가. 감각적 지각을 일으켜야 할 일이 일어날 때, 꿈의 이런 기능이 특별히 두드러지게 나타난다.

잠을 자는 동안에 일어난 감각들이 꿈에 영향을 미친다는 것은 이미 잘 알려져 있다. 그 같은 사실은 실험으로도 입증된다. 이것은 의학계가 꿈의 연구를 통해 얻은 결과 중 매우 확실한 것에 해당하지만 과대평가되고 있는 측면도 없지 않다.

이 발견과 관련하여 지금까지 풀지 못한 수수께끼가 하나 있다. 연구원들이 잠을 자는 사람에게 가한 감각적 자극이 정작 꿈에는 적절히 인지되지 않는데도 명확하지 않은 일부 꿈의 해석에는 반영된다는 점이다. 그렇다면 그 감각적 자극을 받아들일 것인지 여부를 결정하는 것이 마치 정신적 자유의지에 달린 것처럼 보인다. 물론 그런 정신적 자유의지는 전혀 없다.

잠을 자는 사람은 외부의 감각 자극에 여러 가지 방법으로 반응할 수 있다. 잠에서 깨어날 수도 있고 잠을 계속 이어갈 수도 있는 것이다. 후자의 경우에 그 사람은 외부 자극을 물리치는 데 꿈을 이용할 수 있으며, 이 방법 또한 여러 가지가 있다. 예를 들어, 그 사람은 자신이 도저히 참아줄 수 없는 어떤 장면을 꿈으로 꿈으로써 그 자극을 막을 수 있다.

회음부에 난 종기 때문에 고생을 한 어떤 사람이 이용한 수단이 바로 그런 식이었다. 그 사람은 자신이 말 등에 올라타고 있는 꿈을 꾸었다. 말 등에 탄 채 아픔을 누그러뜨릴 찜질용 패드를 안장으로 이용하면서 통증에서 자유로워질 수 있었다.

또는 훨씬 더 자주 일어나듯, 외부 자극이 각색을 거칠 수도 있다. 그러면 꿈을 꾸는 사람은 그 자극과 실현을 모색하고 있던 억눌린 욕망을 연결시킨다. 따라서 그 사람은 자극의 현실감을 상실하게 되고 자극은 마치 정신적 자료의 일부처럼 취급받는다.

그런 예를 하나 보자. 어떤 사람이 자신이 어떤 명확한 모티프를 갖고 코미디를 쓴 꿈을 꾸었다. 작품이 무대에 올려졌다. 우레 같은 박수 속에 1막이 끝났다. 환호가 따랐다. 바로 그 순간, 꿈을 꾼 사람은 그 방해에도 불구하고 수면을 연장시키는 데 성공했음에 틀림없다. 그가 깨어날 때, 왁자지껄한 소리가 더 이상 들리지 않았으니까. 그러면서 그 사람은 누군가가 카펫이나 침대를 두드렸을 것이라고 짐작했다. 잠에서 깨어나기 직전에 꾼, 요란한 소리가 동반되었던 꿈은 잠을 깨울 수 있었던 자극을 다른 설명으로 가렸으며, 그 결과 수면을 한동안 연장할 수 있었다.

이런 검열을 꿈의 왜곡이 일어나는 주요 원인으로 받아들이는 사람은 누구나 꿈의 해석을 거치면 성인들의 꿈 대부분의 뿌리가 성적 욕망까지 닿는다는 점에 별로 놀라지 않을 것이다. 이것은 성적인 성격이 강한 꿈들에서 끌어낸 결론이 절대로 아니다. 그런 꿈이라면 우리 모두 경험을 통해 잘 알고 있으며, 흔히 '성적인 꿈'이라 불린다.

그런 꿈들도 여러 측면에서 알쏭달쏭한 구석을 갖고 있다. 섹스의 대상으로 선택되는 사람이나, 꿈을 꾸는 사람이 깨어 있을 때라면 성욕을 죽게 만들었을 장벽들이 모조리 허물어지는 것만 봐도 그렇다. 또 평상시 같으면 성도착(性倒錯)이라 불릴 만한 행위들이 서슴없이 행해진다.

그러나 꿈을 분석해 보면 명백한 내용에 에로틱한 구석이 전혀 없는 많은 꿈에서도 실제로 성적 욕망의 성취가 이뤄지고 있는 것이 확인된다. 한편, 깨어 있을 때 떠올린 생각들 중 많은 것이 억눌린 성적 욕망의 도움을 받아 꿈에 나타나기도 한다.

결코 이론적인 주장이 아닌 이 진술에 대한 설명을 위해 반드시 짚고 넘어가야 할 사실이 한 가지 있다. 인간의 본능 중에서 문명의 명령으로 인해 성욕만큼 강하게 억압되는 것은 따로 없다는 점을 분명히 기억해야 한다. 또 대부분의 사람들을 보면 고차원의 정신 과정으로 성욕을 억제하는 것이 모든 포기 중에서 가장 빨리 일어나는 것 같다.

유아 성욕의 경우에 표현에 애매한 구석이 많은 탓에 쉽게 간과되거나 오해를 받는다. 우리는 그런 유아 성욕을 이해하는 방법을 배웠다. 예의 바른 사람들 거의 모두가 어느 시점엔가는 유아적인 형태의 성 생활을 마음속에 간직하게 된다고 말해도 무방하다. 이리하여 우리는 억눌린 유아적인 성욕이 꿈의 형성에 강력한 자극을 아주 빈번하게 제공한다는 점을 이해하기에 이르렀다.

만약에 에로틱한 욕망의 표현인 꿈이 명백한 내용에 성적인 구석이 전혀 없도록 만드는 데 성공한다면, 그 방법은 오직 한 가지밖에 없다. 성적 표현이 담긴 자료를 그대로 노출시켜서는 절대로 안 되며, 암시와 연상 등 간접적인 수단을 빌려 표현할 수 있어야 한다.

직접적으로 이해되는 것들은 꿈의 재료에서 철저히 배제되어야 한다. 이런 조건을 만족시킬 수 있는 표현 수단을 우리는 보통 '상징'이라 부른다. 이런 상징에 특별히 많은 관심이 쏟아지고 있다. 이유는 똑같은 언어를 사용하는 사람들의 경우에 꿈을 꿀 때에도 비슷한 상징을 사용한다는 사실이 관찰되었기 때문이다.

정말이지, 어떤 경우엔 상징 공동체가 언어 공동체보다 더 크다.

그럼에도 꿈을 꾸는 사람 본인은 정작 자신이 사용하는 상징의 의미를 잘 모른다. 그렇기 때문에 상징들과 그것들이 대체하고 있는 것과 의미하고 있는 것의 관계가 어디서 비롯되었는지는 수수께끼로 남는다.

성적 욕망이 상징으로 표현된다는 사실에는 의문의 여지가 전혀 없다. 이 같은 사실이 꿈을 해석하는 기술에 아주 중요하다. 이 상징체계에 대한 지식을 습득하게 되면, 꿈을 꾼 사람에게 굳이 꿈 사고들에 대해 묻지 않아도 그 사람이 꾼 꿈의 어떤 요소들 혹은 꿈의 부분들, 경우에 따라 꿈의 전체를 이해하는 것이 가능해지기 때문이다.

이리하여 우리는 꿈의 해석에 대한 대중적인 믿음에 더욱 가까이 다가서는 한편으로 고대인들의 기술을 다시 확보하기에 이르렀다. 고대인들 사이에 꿈을 해석하는 것은 상징을 빌려 설명하는 것과 동일한 것으로 받아들여졌다.

꿈의 상징에 대한 연구가 확고한 결실을 얻기까지는 아직 요원하지만, 그래도 우리는 일반적인 원칙 몇 가지와 꽤 확실하고 구체적인 관찰을 어느 정도 확보한 상태이다. 현실 세계를 보면 언제나 똑같은 의미를 지니는 상징들이 있다. 황제와 황후 또는 왕과 왕비는 언제나 부모를 의미한다.

섹스는 매우 다양한 상징으로 표현된다. 그 상징들 중 많은 것은 다른 경로로 그 의미에 대한 실마리를 확보하지 않은 상태에서 처음 대할 경우에는 무척 난해해 보인다.

언어와 문화가 같은 사람들의 꿈에 보편적으로 나타나는 상징들도 있다. 그런 반면에 개인에 따라 특별한 의미를 지니는 상징도 있다. 이런 경우에 그 사람 본인이 자신만의 경험을 바탕으로 상징을 만들어냈다고 볼 수 있다.

첫 번째 집단의 상징 중에는 말만 들어도 금방 알아들을 수 있는 상징(예를 들면, 농업에서 비롯된 것으로서 생식을 의미하는 씨앗)이 있는가 하면, 아득히 먼 옛날까지 거슬러 올라가는 성적 상징도 있다. 이런 특별한 형태의 상징들을 창조하는 힘은 지금도 여전히 시들지 않고 있다. 비행선 같이 발명의 역사가 비교적 짧은 것들까지도 성적 상징으로 널리 쓰이고 있다.

꿈의 상징체계에 대한 지식을 더 깊이 쌓으면 꿈을 꾼 사람에게 꿈에 대한 인상을 묻지 않아도 된다고 짐작하는 것은 잘못이다. 또 그런 지식이 고대의 꿈 해석자들의 기술 모두를 우리에게 돌려줄 것이라고 기대하는 것도 잘못이다. 흔히 쓰이고 있는 상징들과 그 변형들에 대한 지식은 차치하고라도, 어떤 꿈의 요소가 상징적으로 해석되어야 하는 것인지 아니면 본래의 의미로 해석되어야 하는 것인지조차 우리는 명쾌하게 알지 못한다.

꿈의 전체 내용을 상징적으로 해석해서는 안 된다는 말은 맞다. 꿈 상징에 대한 지식은 단지 우리가 꿈 내용의 일부를 이해하는 데 도움이 될 뿐이며, 꿈의 모든 부분에 적용될 기술적인 원칙은 결코 내놓지 못한다. 하지만 꿈을 꾼 사람이 털어놓는 인상들이 불충분할 때에는 상징도 꿈의 해석에 큰 도움을 줄 것임에 틀림없다.

꿈의 상징체계는 또 소위 '전형적인' 꿈들과 '거듭 되풀이되는' 꿈들을 이해하는 데에도 반드시 필요한 것으로 드러날 것이다. 꿈의 상징체계는 우리를 꿈 그 너머로까지 안내한다. 상징체계는 꿈에만 국한되지 않는다. 전설과 신화, 영웅 이야기, 농담과 민속에도 마찬가지로 중요한 의미를 지닌다.

그러나 우리는 꿈의 상징체계가 꿈 작업의 결과가 아니라는 점을 인정해야 한다. 꿈의 상징체계는 어쩌면 우리의 무의식적 사고의 특성일지 모른다. 꿈 작업에서 압축과 치환, 극화를 위한 재료를 내놓는 바로 그 무의식적 사고 말이다.

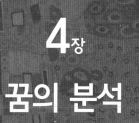

4장

꿈의 분석

아마 지금쯤이면 독자 여러분도 꿈의 해석이 우리의 정신 장치가 어떤 구조로 생겼는지에 대해 약간의 힌트를 내놓지 않을까 하고 기대하기 시작할 것이다. 철학이 밝혀낼 것으로 기대했지만 아직 아무런 성과를 거두지 못하고 있는 정신 장치의 구조를 이해하게 될 것이라는 희망을 많은 사람들이 품을 것이란 뜻이다.

그러나 우리는 정신 장치의 구조를 파악하는 길을 추구하지 않을 것이며, '꿈 훼손'(dream-disfigurement)이라는 주제를 명쾌히 밝히기만 하면 다시 꿈의 분석 문제로 돌아갈 것이다.

여기서, 불쾌한 내용의 꿈이 소망 성취로 분석될 수 있는 이유가 무엇인가 하는 질문이 제기되었다. 이제 우리는 꿈의 훼손이 일어나고, 불쾌한 내용이 소망을 위장하는 역할을 맡는 경우에 그런 분석이 가능하다는 사실을 알게 되었다.

두 가지 정신 체계에 관한 가설을 기억하면서, 우리는 나아가 이렇게 말할 수 있다. 불쾌한 꿈들은 사실 두 번째 체계에는 불쾌하지만 동시에 첫 번째 체계의 소망을 성취하는 무엇인가를 담고 있다고. 모든 꿈은 첫 번째 체계에서 비롯된다는 의미에서, 불쾌한 꿈들은 소망의 꿈이다. 반면에 두 번째 체계는 창의적인 방법이 아니라 혐오감을 주는 방법으로만 꿈에 영향을 미친다.

만약에 두 번째 체계가 꿈에 기여하는 것이 무엇인지를 파악하는 것으로만 논의를 국한한다면, 우리는 꿈을 절대로 이해하지 못한다. 그런 식의 접근에서 끝난다면, 꿈을 꾼 사람이 자신의 꿈에서 수수께끼 같다고 생각하는 것들은 절대로 풀리지 않을 것이다.

꿈이 실제로 어떤 은밀한 의미를 갖고 있다는 점은 꿈마다 새롭게 분석을 통해 증명해야 한다. 이 은밀한 의미가 소망의 성취인 것으로 드러난다. 그래서 나는 고통스런 내용의 꿈 몇 개를 선택해 분석을 시도할 것이다. 부분적으로 히스테리성이 있는 꿈들이다. 그렇기 때문에 예비적인 진술이 길게 필요하고, 히스테리를 일으키는 중에 일어나는 정신 과정에 대한 검사도 때때로 필요하다. 그러나 설명에 이런 수고를 추가로 들이는 것은 피할 수 없다.

정신신경증 환자를 대상으로 분석치료를 할 때면 언제나, 이미 밝힌 바와 같이, 꿈이 논의의 주제가 된다. 때문에 치료 과정에 환자는 나로부터 꿈에 관한 심리학적 설명을 충분히 전달받고, 나는 환자의 도움을 받아 그들의 증후를 이해하게 된다.

이 대목에서 나는 환자의 가차 없는 비판에 직면한다. 나의 동료들에게 기대할 수 있는 것보다 결코 덜 날카롭지 않은 비판이다. 모든 꿈이 소망의 성취라는 주장의 모순을 환자들이 자주 제기하는 것이다. 여기서 환자들이 나의 주장을 반박하기 위해 제시한 꿈을 몇 가지 소개한다.

매우 똑똑한 여자 환자가 "선생님께선 언제나 꿈이 소망의 성취라고만 하시는군요."라며 불평을 늘어놓기 시작했다. "그런데 저는 내용이 그와 정반대인 꿈을 들려 드릴 겁니다. 나의 소망이 이뤄지지 않는 꿈입니다. 이 꿈을 그 이론에 어떻게 맞추실 겁니까?" 그녀가 들려준 꿈은 다음과 같다.

> 만찬을 준비하고 싶었지만 훈제 연어 몇 조각 외에는 아무것도 없었다. 시장에 갈까도 생각해봤지만 일요일 오후라는 생각이 들었다. 모든 가게가 문을 닫는 날이었다. 그래서 연회용 요리를 대행하는 사람에게 전화를 걸려고 했으나 전화까지 고장나 있었다. … 그러다 결국 만찬을 포기하고 말았다.

당연히 나는 분석을 거쳐야만 꿈의 의미가 드러난다고 대답했다. 얼핏 보기엔 꽤 조리가 있고 일관되며 소망 실현과 반대되는 꿈인 것처럼 보였지만, 사실은 그리 만만한 꿈이 아니었다. 나는 여자 환자에게 "그렇다면 어떤 사건이 이런 꿈을 꾸게 했을까요?"라고 물으며 "당신도 이제 꿈을 일으키는 자극은 언제나 그날의 경험 속에 있다는 것쯤은 알겠지요."라고 덧붙였다.

꿈을 분석한 결과는 이렇다. 정직하고 양심적인 정육점 주인인 환자의 남편이 전날 아내에게 자신의 몸이 점점 뚱뚱해지고 있다면서 비만 치료에 들어가야겠다고 말했다. 앞으로는 아침에 일찍 일어나 운동도 하고 음식도 엄격히 조절하고 무엇보다 만찬 초대에 더 이상 응하지 말아야겠다는 결심이었다. 그녀는 비웃듯이 남편에 관한 이런저런 이야기를 이어갔다.

어느 호텔 식당에서 그녀의 남편이 어떤 화가를 우연히 만나게 된 사연도 나왔다. 이 화가는 그녀의 남편의 초상화를 그리고 싶다는 뜻을 좀처럼 굽히지 않았다고 한다. 그 사람처럼 표정이 풍부한 얼굴을 그때까지 한 번도 보지 못했다는 이유에서였다. 그러나 그녀의 남편은 퉁명스런 목소리로 그런 제안에 대해 아주 감사하게 생각하지만 화가에게는 젊고 예쁜 소녀의 엉덩이가 그의 얼굴보다 훨씬 더 매력적일 것이라고 대답했다.

여자 환자는 당시 자신이 남편을 몹시 사랑하고 있었는데 그 일로 남편을 많이 놀려주었다고 했다. 그녀는 또 그 전에 남편에게 캐비아를 보내지 말라고 부탁했다. 이건 또 무슨 의미일까?

사실은 말과 달랐다. 그녀는 오랫동안 오전에 캐비아 샌드위치를 먹기를 원했다. 그래도 돈을 생각해서 욕망을 눌렀다. 물론 그녀는 남편에게 부탁만 하면 당장 캐비아를 먹을 수 있었다. 그러나 그녀는 정반대로 남편에게 캐비아를 보내지 말라고 부탁했다. 그녀가 그 문제로 남편을 오랫동안 놀려주기 위해서였다.

나에겐 이런 설명이 억지스러워 보였다. 대체로 보면 그런 부자연스런 설명 뒤에 꿈을 꾼 사람이 받아들이기 거북한 동기들이 숨어 있다. 베른하임(Hippolyte Bernheim: 1840-1919)의 최면 대상이 되었던 사람들에 대한 이야기가 떠올랐다. 그 사람들은 최면에 걸린 상태에서 어떤 지시사항을 수행했다. 그런 뒤에 그렇게 한 동기를 묻자, 그들은 "내가 왜 그런 행동을 했는지 모르겠다."고 대답하는 것이 아니라 부적절하기 짝이 없는 이유를 지어냈다.

나의 환자가 캐비아를 들먹인 것에도 그와 비슷한 무엇인가가 작용하고 있었을 것이다. 나는 그녀가 자신의 인생에서 성취되지 않은 어떤 소망을 지어냈을 것이라고 본다. 그녀의 꿈은 소망의 재현이 성취된 것을 보여주고 있다. 그러나 그녀가 성취되지 않은 소망을 필요로 하는 이유는 무엇일까?

지금까지 나온 생각들만으로는 꿈을 제대로 해석할 수 없다. 그래서 나는 그녀에게 더 많은 생각을 부탁했다.

그러자 그녀는 심리적 저항을 극복하려는 듯 잠시 숨을 고른 뒤 전날 자신이 진정으로 질투를 느끼고 있는 친구를 방문한 이야기를 들려주었다. 그녀가 이 친구에게 질투심을 품게 된 이유는 자기 남편이 언제나 이 여자를 칭찬했기 때문이다.

다행히도, 이 친구는 매우 야윈 편이었다. 환자의 남편은 살이 포동포동한 몸매를 좋아했다. 그렇다면 야윈 친구는 어떤 주제에 대한 이야기를 들려주고 있는 것일까? 친구의 입에서는 당연히 살이 쪘으면 좋겠다는 말이 나오게 되어 있다. 이 친구는 또 나의 환자에게 이렇게도 물었다. "너 언제 다시 우리를 초대할 거니? 너의 음식 솜씨는 언제나 훌륭하잖아."

이제 꿈의 의미가 분명해지고 있다. 나는 환자에게 이런 식으로 말할 수 있었다. "초대해 달라는 요청을 받았을 때 당신은 이렇게 생각했을 수 있다. '물론 너를 초대할 수 있지. 그러면 너는 우리 집에서 기름진 음식을 먹을 테고, 따라서 나의 남편이 좋아하는 체형으로 변할 수 있겠지. 그런데 그런 꼴을 보느니 차라리 만찬 자리를 만들지 않는 게 더 낫지 않을까.' 그렇다면 꿈은 당신에게 만찬 초대를 할 수 없다는 점을 말해주고 있으며, 따라서 친구의 살을 찌우는 데 더 이상 기여하고 싶지 않다는 당신의 소망을 성취하고 있다. 살을 빼기 위해 만찬 초청을 거부하겠다는 당신 남편의 결심은 당신에게 사람들이 함께 모여 음식을 마음 놓고 먹다 보면 살이 쉽게 찐다는 점을 일러주고 있다."

이제 이 해석을 입증하는 데엔 약간의 대화만 필요하다. 꿈속의 훈제 연어에 대해선 아직 논의조차 하지 않은 상태이다. "훈제 연어는 어쩌다 꿈에 나타나게 되었을까요?" 이 질문에 그녀는 "친구가 좋아하는 요리가 훈제연어예요."라고 대답했다.

내가 어쩌다 이 여자 환자의 친구를 알게 되어 대화를 나누다 보면 그녀로부터 돈이 아까워 연어를 제대로 먹지 못한다는 말을 듣게 될 것이다. 나의 환자가 돈을 아끼느라 캐비아를 맘 놓고 먹지 못하듯이.

이 꿈은 훨씬 더 정확한 해석을 한 가지 더 허용한다. 부수적인 환경을 살필 때에만 얻을 수 있는 해석이다. 두 가지 해석은 서로 모순되지 않으며 오히려 서로를 보완하는 관계를 보인다. 병적 증후들뿐만 아니라 꿈의 모호함까지 보여주는 멋진 예이다.

나의 환자는 소망을 부정하는 꿈을 꿈과 동시에 실제로 성취되지 않은 소망(캐비아 샌드위치)에 관심을 쏟고 있다. 그녀의 친구 역시 어떤 소망, 즉 살을 더 찌우고 싶다는 바람을 표현했다. 그렇다면 나의 환자가 친구의 소망이 성취되지 않는 꿈을 꾼다고 해도 놀랄 일이 못된다. 이유는 친구의 소망, 즉 몸무게를 늘리려는 것이 성취되지 않는 것이 그녀의 소망이기 때문이다.

그러나 그녀는 그런 식이 아니라 자신의 소망 중 하나가 성취되지 않는 꿈을 꾼다. 만약에 꿈에서 그녀가 자신의 뜻이 아니라 친구의 뜻을 대신하고 있다면, 그리하여 그녀가 자신을 친구의 위치에 놓거나 우리가 흔히 말하듯이 그녀 자신과 친구를 동일시했다면, 꿈을 새롭게 해석하는 것이 가능해진다.

나는 그녀가 실제로 그랬을 것이라고 생각한다. 이 동일시를 보여주는 증거로 제시할 수 있는 것이 그녀가 성취되지 않은 소망을 실제로 한 가지 만들어냈다는 점이다. 하지만 이런 히스테리컬한 동일시는 뭘 의미하는가? 그 의미를 명확히 밝히기 위해선 철저한 설명이 필요하다.

히스테리성 증후들의 메커니즘에서 동일시는 매우 중요한 요소이다. 환자들은 이 방법을 빌려서 자신의 경험뿐만 아니라 다른 사람들의 경험까지 표현한다. 말하자면, 환자가 많은 사람들을 대신해서 정신병을 앓을 수도 있다는 뜻이다. 그러면서 환자는 드라마의 각 부분들을 다른 사람들의 인격으로 채울 수 있다.

이 대목에서 이것이 너무나 잘 알려진 히스테리성 모방이라는 식의 반대 의견이 나올 수 있다. 히스테리 환자들은 다른 사람들에게 나타나는 증후가 깊은 인상을 남길 때면 그 증후까지 모방하는 능력을 발휘한다. 그럴 때 히스테리 환자들을 보면 마치 그들의 동정심이 타인들의 증후까지 모방하도록 자극하는 것처럼 보인다. 그러나 이것은 단지 정신 과정이 히스테리성 모방을 통해 방출되는 길을 암시할 뿐이다. 어떤 정신적 행위가 나아가는 길과 정신 행위 자체는 서로 완전히 다르다.

히스테리 환자가 타인들의 증후를 모방하는 정신적 행위 자체는 일반적으로 짐작하는 것보다 훨씬 더 복잡하다. 그 행위는 무의식의 어떤 과정과 비슷하다.

예를 들어보자. 아주 특이한 경련으로 힘들어하는 여자 환자를 치료하는 의사가 있다. 이 환자는 병실에서 다른 환자들과 함께 지내고 있다. 이런 환경에서 어느 날 아침에 이 여자 환자의 특이한 히스테리성 증후가 다른 환자들에게 모방되고 있다는 사실이 발견되어도 의사는 크게 놀라지 않는다. 의사는 다만 혼잣말로 이렇게 중얼거릴 뿐이다. '다른 환자들이 저 여자 환자를 따라 하고 있구나.' 바로 이것이 심리적 전염이다.

심리적 전염은 다음과 같이 진행된다. 대체로 보면 의사가 각각의 환자에 대해 아는 것보다 환자들이 서로에 대해 아는 것이 더 많다. 의사가 진료를 끝내고 나가면 환자들은 서로에게 관심을 보인다. 오늘 아침에 환자 한 사람이 히스테리를 일으켰다. 그러면 나머지 환자들 사이에 그 원인이 집에서 온 편지였다느니 아니면 상사병이었다느니 하는 소문이 금방 퍼진다.

그러면 환자들의 동정심이 발동한다. 그들의 내면에서 의식이 모르는 가운데 다음과 같은 삼단논법이 일어난다. '그런 이유로 저런 발작이 일어날 수 있다면, 나 역시도 저런 발작을 일으킬 수 있어. 나에게도 똑같은 이유가 있으니까.'

만약에 이 삼단논법이 의식이 될 수 있다면, 그것은 아마 똑같은 히스테리 공격에 대한 두려움으로 나타날 것이다. 그러나 그것은 의식과 다른 정신 영역에서 일어나고, 따라서 두려워하던 증후의 실현을 부른다. 때문에 동일시는 단순한 모방이 아니고 똑같은 병을 앓고 있다는 주장에 바탕을 둔 공감이다. 동일시는 영어 표현을 빌리면 'as though'(마치 …인 것처럼)에 가까우며, 무의식 속에 들어 있는 어떤 공통적 특징과 관련있다.

히스테리에 동일시가 가장 빈번하게 일어나는 경우는 성적 공통성을 표현할 때이다. 히스테리 증세를 보이는 어느 여인은 자신과 성관계를 가진 사람들과 언제나 동일시할 준비가 되어 있다. 일상에서 흔히 쓰는 언어를 보면 이 개념이 그대로 반영되고 있는 듯하다. 흔히 두 연인은 '하나'라고 한다. 꿈에서만 아니라 히스테리성 공상에서도 어떤 사람이 성관계에 대해 생각한다면 그 관계가 실제로 일어났는지 여부와 상관없이 그런 동일시가 충분히 일어날 수 있다.

그렇다면 앞에 말한 여자 환자가 자기 친구에게 느끼는 질투를 표현할 때, 그녀는 단지 히스테리성 사고 과정의 규칙들을 충실히 따르고 있을 뿐이다(더욱이, 그녀는 자신의 질투심이 타당하지 않다는 점을 인정하고 있다. 그녀가 자신을 친구의 입장에 놓고, 어떤 증후를, 즉 이루지 못한 소망을 창조해냄으로써 자신과 친구를 동일시한다는 점에서 보면 그렇다). 나는 그 정신 과정을 다음과 같이 더 구체적으로 밝힐 수 있다.

그녀는 꿈속에서 자기 자신을 친구의 입장에 놓고 있다. 친구가 그녀의 남편과의 관계에서 그녀의 자리를 차지하고 있기 때문이다. 또 그녀가 자기 남편의 선호와 관련해서 자기 친구의 자리를 차지하기를 원하고 있기 때문이기도 하다.

나의 치료를 받은 몽상가들 중에서 재치가 넘쳤던 또 다른 여자 환자의 꿈도 나의 꿈 이론과 모순되는 것으로 보였지만 의외로 간단하게 풀렸다. 비록 그 해결책이 한 가지 소망을 이루지 못한다는 것은 곧 다른 소망의 성취를 의미한다는 '원리'에 따른 것이긴 하지만, 어쨌든 그것으로 꿈의 해석이 쉽게 이뤄졌다.

언젠가 내가 그녀에게 꿈은 소망의 성취라고 설명해주었다. 그 다음날 그녀가 나에게 꿈 이야기를 들려주었다. 그녀가 시어머니와 함께 평소 여름휴가를 즐기곤 하던 리조트로 여행을 떠나는 내용이었다. 나는 그녀가 여름을 시어머니 가까이서 보내지 않으려 발버둥을 쳤다는 사실을 알고 있었다. 또한 그녀가 멀리 떨어진 시골 리조트에 방을 구함으로써 운 좋게 시어머니를 피할 수 있었다는 사실도 알고 있었다. 그러면 그 꿈은 간절히 원했던 해결책을 정반대로 바꿔놓은 것이었다. 이것은 꿈에서 소망의 성취가 일어난다는 나의 이론과 완전히 모순되지 않는가? 물론, 이 꿈을 명확히 해석하려면 조금만 추론하면 된다.

이 꿈에 따르면, 내(프로이트)가 잘못되어 있었다. 따라서 내가 틀리는 것이 그녀의 소망이었으며, 그녀의 꿈은 그녀에게 이 소망이 이뤄진 것을 보여주었다. 그러나 시골 리조트의 방을 빌리는 것으로 성취되는, 내가 틀려야 한다는 소망은 그보다 더 진지한 문제를 건드리고 있다. 당시에 나는 그녀의 분석에서 나온 자료들을 바탕으로 그녀의 병에 의미 있는 무엇인가가 그녀의 삶의 어느 시점에 일어났음에 틀림없다는 식으로 결론을 내렸다.

그러나 그녀는 나의 결론을 받아들이지 않았다. 그녀의 기억에 그런 일이 없다는 이유에서였다. 우리는 곧 나의 결론이 맞다는 사실을 확인할 수 있었다. 꿈속에 녹아든, 내가 틀려야 한다는 그녀의 소망은 그때 의심을 받았던 일들이 절대로 일어나지 않았어야 한다는 소망이나 마찬가지였다.

분석을 거치지 않고 단순히 짐작만으로도, 나는 고등학교 시절을 함께 보낸 친구에게 일어난 작은 일들을 해석할 수 있었다. 이 친구는 한때 내가 소규모 집단을 대상으로 하던 강연을 들은 적이 있었다. 꿈이 소망의 성취라는 주제의 강연이었다.

그러던 어느 날 그가 꿈을 꾸었는데 옷을 몽땅 잃어버리는 내용이었다. 변호사인 친구는 투덜거리는 투로 그 꿈을 나에게 털어놓았다. 그때 나는 이런 식으로 대충 얼버무리며 상황을 넘겼다. "모든 분야에서 다 성공할 수 있는 사람은 없는 법이잖아." 그러나 속으로는 이렇게 생각했다. '내가 8년 동안 학급에서 수석 자리를 다투었던 반면에 이 친구는 중간 정도의 석차에서 맴돌았다면, 이 친구가 아마 어린 시절부터 내가 한번이라도 망가지는 모습을 보여줬으면 좋겠다는 마음을 품는 것이 자연스런 현상이 아닐까?'

또 다른 여자 환자가 나에게 풀어놓은 꿈도 다소 음울한 분위기였으며, 꿈이 소망의 성취라는 나의 이론에 모순되는 예로 제시되었다. 젊은 소녀인 이 환자의 꿈은 다음과 같은 내용이었다. "선생님께서도 저의 언니에게 지금은 아들이 하나밖에 없다는 사실을 알고 있지요. 이름은 찰스랍니다. 언니는 큰 아들 오토를 잃어버렸어요. 내가 언니네 집에서 살고 있을 때였어요. 오토는 내가 좋아하던 아이였어요. 정말로 그 아이를 키운 사람은 저라 해도 과언이 아니에요. 저는 그 아이의 동생 찰스도 좋아했지만 찰스를 향한 사랑은 죽은 아이만은 못했어요. 그런데 간밤에 찰스가 내 앞에 죽어 누워 있는 꿈을 꾸었어요. 아이가 자그마한 관 속에 누워 있었어요. 두 손을 포갠 채. 주위에 촛불이 켜져 있었고, 한마디로 말해 귀여운 오토가 죽을 당시의 모습 그대로였어요. 그 장면이 나에게 엄청난 충격이었어요. 이 꿈은 무슨 의미일까요? 선생님은 저를 잘 알잖아요. 저라는 존재가 언니의 마지막 남은 아이까지 죽기를 바랄만큼 나쁜 인간인가요? 아니면 이 꿈은 내가 너무나 좋아하던 오토대신에 찰스가 죽었더라면 하는 소망을 의미하는 것인가요?"

나는 그런 식의 해석은 불가능하다는 말로 일단 환자의 마음을 달랬다. 조금 생각한 뒤, 나는 그녀에게 꿈에 대한 해석을 전할 수 있었다. 그러자 그녀도 나의 해석이 옳다고 인정했다.

어린 나이에 고아가 된 소녀는 나이가 자기보다 훨씬 더 많은 언니 집에서 자라면서 그 집을 찾는 언니의 친구들과 방문객 중에서 그녀의 가슴에 강한 인상을 남긴 한 남자를 만났다. 어려운 상황에서 싹튼 관계가 한 동안 결혼으로 결실을 맺을 것처럼 보였다. 그런데 행복한 꿈은 언니 때문에 깨어질 위기에 처했다. 언니가 둘의 관계를 가로막고 나선 동기는 명쾌하게 설명되지 않았다. 둘의 관계가 깨어진 뒤 나의 환자의 사랑을 받았던 남자는 그 집을 피했다.

나의 환자는 자신이 많이 사랑했던 오토가 죽고 얼마 지나지 않아 언니 집에서 독립하게 되었다. 그래도 그녀는 언니의 친구를 향한 마음에서 벗어나지 못했다. 그녀의 자존심은 그녀에게 그 사람을 피하라고 명령하고 있었다. 그러나 그녀가 사랑의 화살을 다른 구원자에게로 돌리는 것은 불가능한 일이었다.

그녀는 문학을 가르치던 그 사람이 강연을 하는 곳이면 어디든 가서 청중석에 앉았다. 그녀는 그의 눈에 띄지 않는 가운데 먼발치서라도 볼 기회가 날 때면 결코 놓치는 일이 없었다. 이 꿈을 꾸기 전날에도 그녀가 그 교수가 어느 콘서트에 나타나게 되어 있다면서 자기도 거기에 갈 것이라고 말하는 것을 들은 기억이 난다. 그의 모습을 즐기려는 노력이 이만저만이 아니었다. 이것이 꿈을 꾼 날 일어난 일이었다. 콘서트는 그녀가 나에게 꿈 이야기를 들려준 날 열리게 되어 있었다.

이 꿈의 해석은 아주 쉽다. 나는 그녀에게 귀여운 오토가 죽은 뒤에 일어난 일이면 어떤 것이든 좋으니 생각나는 게 더 있느냐고 물었다. 그러자 즉각 이런 대답이 돌아왔다. "물론이죠. 그때 오랫동안 모습을 보이지 않던 교수가 나타났어요. 나는 귀여운 오토의 관 옆에서 그를 한 번 더 보았어요." 내가 예상한 그대로였다.

나는 꿈을 다음과 같이 해석했다. "만약에 지금 언니의 하나 남은 아들이 죽는다면, 그때와 똑같은 일이 되풀이될 것이다. 당신은 언니와 하루를 보낼 것이고, 교수도 조문하러 반드시 그곳을 방문할 것이고, 그러면 당신은 그때와 똑같은 상황에서 그를 다시 볼 것이다. 꿈은 그를 다시 보고 싶어 하는 당신의 소망을 의미할 뿐이다. 당신은 그런 소망에 스스로 놀라며 내면에서 갈등을 겪고 있다. 나는 당신의 핸드백 안에 오늘 열리는 콘서트의 입장권이 들어 있다는 사실을 잘 알고 있다. 당신의 꿈은 조바심의 꿈이다. 꿈은 오늘 몇 시간 후면 일어날 만남을 예고하고 있다."

그녀는 자신의 소망을 가리기 위해 대체로 그런 소망이 억압될 상황을 선택했다. 사랑 따위는 생각조차 하지 않을, 슬픔이 흐르는 상황이었다. 게다가 실제로 그런 상황이 벌어질 경우에 그녀는 귀여워했던 두 번째 소년의 관 앞에서도 오랫동안 보지 못했던 방문객에 대한 애틋한 감정을 누르지 못할 가능성이 매우 크다.

또 다른 여자 환자가 제시한 비슷한 꿈에서는 이와 다른 해석이 발견된다. 이 환자는 어릴 때부터 재치가 남달랐으며, 지금도 여전히 치료 시간에 그런 면을 자주 보이고 있다. 길게 전개되는 꿈에서 그녀의 열다섯 살 난 딸이 상자에 담겨 그녀 앞에 죽은 채 누워 있었다. 그녀는 이 꿈의 이미지를 바탕으로 나의 소망 성취 이론을 반박하려는 뜻을 강하게 품었다. 그러나 그녀 자신조차도 상자라는 디테일이 그 꿈에서 다른 개념을 보여주는 것임에 틀림없다고 의심했다.

꿈을 분석하는 과정에 그녀가 꿈을 꾼 날 밤에 좌중의 대화에서 느닷없이 영어 단어 '박스'가 튀어나왔다는 사실이 확인되었다. 이어서 그 단어가 독일어로 다양하게 번역된다는 얘기가 오갔다. 단순한 상자도 되고, 극장의 특별석도 되고, 장롱도 된다는 의견이었다. 그 꿈의 다른 요소들을 통해서 이 여인이 영어 단어 '박스'와 독일어 'Büchse'의 관계를 떠올리면서 독일어 'Büchse'가 속어로 쓰이면 여성의 생식기를 의미한다는 점에 마음의 불편을 느꼈다는 사실을 알아낼 수 있었다.

그렇다면 박스 속의 아이는 엄마의 자궁 속에 든 아이를 의미한다고 볼 수 있다. 설명이 이 단계에 이르자, 그녀도 그 장면이 자신의 소망과 일치한다는 점을 더 이상 부인하지 않았다. 다른 수많은 젊은 여인들과 마찬가지로, 그녀도 아이를 가졌을 때 진정으로 행복하지는 않았다. 그녀는 아이가 태어나기 전에 뱃속에서 죽었으면 하는 소망을 품었다는 사실을 나에게 고백했다. 남편과 심하게 다툰 뒤에 그녀는 화가 머리끝까지 치민 상태에서 뱃속의 아기를 주먹으로 때린 적도 있었다.

따라서 꿈속의 죽은 아이는 소망 성취가 분명하지만, 그 소망은 15년 동안이나 옆으로 밀쳐진 상태로 있었다. 그렇게 오랜 세월이 흐른 뒤에 그 소망의 성취가 인식되지 않는다는 것은 결코 놀랄 일이 아니다. 그 사이에 너무나 많은 변화가 일어났기 때문이다.

앞에 소개한 두 가지 꿈, 즉 내용에 사랑하는 친척의 죽음이 들어 있는 꿈들은 '전형적인 꿈'으로 분류될 것이다. 여기서 나는 새로운 예를 근거로 꿈 내용이 바람직하지 않음에도 불구하고 모든 꿈이 소망의 성취로 해석되어야 한다는 점을 보여줄 것이다.

다음에 소개하는 꿈도 내가 꿈을 소망의 성취로 보는 이론을 지나치게 성급하게 일반화하는 것을 막기 위해 다른 사람이 들려준 꿈이었다. 이번에는 환자가 아니었다. 나하고 친하게 지내던 지식인 친구였다.

이 친구는 나에게 이렇게 말했다. "집 앞에서 내가 어떤 여자와 팔짱을 끼고 걷는 꿈을 꾸었어. 거기에 문이 닫힌 자동차가 한 대 대기하고 있었고, 그때 신사 한 사람이 나에게 다가오더니 경찰관 신분증을 내밀며 나보고 자기를 따라오라고 하더군. 나는 경찰에게 일을 정리할 시간을 조금만 달라고 간청했어. 이 꿈에서도 자네는 체포되는 것이 나의 소망이라고 할 텐가?"

그 말에 나는 "절대로 그렇지 않지."라고 대답하면서 그에게 질문을 던졌다. "자네를 체포한 혐의가 뭔지 기억나?"

"그럼, 기억나고말고. 유아살해였어."

"유아살해? 자네도 갓 태어난 아기를 대상으로 하는 이 범죄는 엄마만 저지를 수 있다는 사실을 잘 알잖아."

"물론이지."

"그렇다면 자네가 어떤 상황에서 그런 꿈을 꾸었을까? 그날 밤에 무슨 일 없었어?"

"말하고 싶지 않은 이야기인데, 아주 민감한 문제거든."

"그걸 알아야 돼. 아니면 꿈 해석을 포기하든지."

"그럼, 이야기하지. 그날 밤 집에서 자지 않았어. 나에게 아주 소중한 의미를 지니는 어떤 여인의 집에서 잤어. 아침에 일어나서 우리 둘이 그 짓을 했는데 뭔가 좀 찜찜해. 그런 다음에 내가 다시 잠이 들었고 그때 자네에게 들려준 꿈을 꾼 거야."

"여자는 결혼한 몸인가?"

"그래."

"자네는 그 여자가 임신하는 것을 원하지 않지?"

"원하지 않아. 그런 일이 일어나면 우리의 짓이 탄로 날 수도 있거든."

"그렇다면 자네는 정상적인 성교를 하지 못했겠군?"

"사정하기 전에 …, 어쨌든 조심했어."

"밤 동안에 그 짓을 여러 차례 했다고 짐작해도 무리는 아니겠지? 그리고 아침에는 자네가 무사할 것인지 확신이 서지 않게 되었을 테고?"

"그럴 수도 있어."

"그렇다면 자네의 꿈은 소망 성취야. 그것을 통해서 자네는 자신이 아기를 임신시키지 않았다는 확신을 얻거나 아니면 그에 버금가는 짓, 자네가 아기를 죽였다는 확신을 얻고 있어. 그 연결고리를 쉽게 보여줄 수 있어. 며칠 전에 우리 둘이 결혼생활의 고통에 대해 말한 것 기억나지 않아? 수정(受精)이 일어나지 않는 한 성교의 관행을 용인하는 한편으로, 난자와 정자가 만나 태아가 형성된 뒤에 일어나는 모든 비행을 죄로 다스리는 정책에 모순점이 많다고 지적했잖아. 이와 관련해서 우리는 또 영혼이 태아에 들어가는 시기를 둘러싼 중세의 논쟁을 떠올리기도 했어. 살인 개념이 성립하는 시점이 바로 영혼이 생긴 때라고 볼 수 있거든. 자네는 또한 니콜라우스 레나우(Nikolaus Lenau: 1802-1850)의 섬뜩한 시도 알고 있을 것이고. 유아살해와 산아제한을 같은 맥락에서 다룬 시 말이네."

"정말 이상하네. 그날 오후에 어쩌다 내가 레나우에 대해 생각했거든."

"자네 꿈에는 그것 외에 다른 메아리가 하나 더 있어. 자네 꿈에는 부수적인 소망 성취가 한 가지 더 있다는 말이야. 자네는 그녀와 팔짱을 낀 채 자네 집 앞을 걸었어. 그렇다면 자네가 그녀의 집에서 밤을 보내지 않고 그녀를 자네 집으로 데려왔다는 뜻이 되겠지. 실제로는 자네가 그녀의 집에서 잤는데도. 꿈의 핵심인 소망 성취가 그런 불쾌한 형태로 위장한 이유는 아마 한 가지 이상일 거야. 불안 노이로제의 원인에 관한 나의 에세이에서 자네는 신경증적 공포를 일으키는 주요 원인으로 방해받는 성교가 꼽힌다는 사실을 확인할 거야. 만약에 앞에서 설명한 그런 동숙을 반복한 뒤에 자네가 불안한 기분에 휩싸인다면, 내가 에세이에서 강조한 이론과 맞아떨어지는 것 같지 않아? 그런 불안이 실제로 자네 꿈의 요소가 되고 있어. 자네는 또 소망 성취를 숨기는 데에도 그런 불안한 마음 상태를 이용하고 있어. 게다가 유아살해를 언급한 데 대한 설명은 아직 이뤄지지도 않았어. 여성에게만 일어날 수 있는 범죄가 자네에게 일어나는 이유가 도대체 뭘까?"

"자네한테 고백할 게 있네. 나는 몇 년 전에도 불륜을 저지른 적이 있어. 소녀가 나의 잘못으로 생긴 아이를 낙태시킴으로써 나와의 불륜으로 생긴 결과로부터 자신을 보호하려고 애를 썼어. 그때 낙태와 관련해서 내가 할 수 있었던 일은 아무것도 없었어. 그러나 나는 그 일이 발각될까 봐 오랫동안 노심초사했어."

"알았어. 그 기억이 자네가 피임을 제대로 못했을지 모른다는 생각이 자네를 고통스럽게 만드는 두 번째 이유를 알게 하는군."

나의 친구가 꿈 이야기를 풀어놓을 때 옆에서 듣고 있던 한 젊은 의사도 나의 해석에서 새로운 관점을 발견했음에 틀림없다. 그가 자신의 꿈에서 서둘러 그 해석을 모방했으니 말이다.

이번에는 이 젊은 의사의 꿈을 보도록 하자. 그는 전날 소득신고서를 제출했다. 신고할 소득이 별로 없었기 때문에 아주 정직한 신고서였다. 그날 그는 지인 한 사람이 세무위원회의 모임을 끝낸 뒤 자기에게 와서 다른 사람들의 신고서는 모두 그대로 통과되었는데 그의 신고서만 의심을 샀으며, 그 결과 무거운 벌금을 물어야 할지 모른다고 일러주는 꿈을 꾸었다.

이 꿈에는 수입이 많은 의사로 알려지기를 은근히 바라는 소망의 성취가 엉성하게 숨겨져 있다. 이 꿈은 어느 젊은 소녀의 이야기를 상기시킨다. 그녀에게 구애를 펴고 있는 남자의 성질이 불같아서 결혼하고 나면 주먹을 휘두를 게 뻔하다는 이유로 주변으로부터 그 사람을 받아들이지 말라는 조언을 받고 있던 소녀였다. 그런 조언에 대한 소녀의 대답은 "그 사람이 나를 때려줬으면 좋겠어!"라는 것이었다. 그 사람과 결혼하고 싶은 소망이 너무나 강한 나머지, 그녀는 결혼에 예상되는 폭력을 무시하는 데서 그치지 않고 폭력을 소망의 수준으로까지 격상시키고 있었다.

이런 유의 꿈들은 소망을 부정하는 대목이 들어 있거나 원하지 않은 일이 일어난다는 내용이라는 점에서 나의 이론과 모순되는 것처럼 보인다. 매우 흔하게 나타나는 이런 꿈들을 '역(逆)소망 꿈'(counter wish-dream)으로 분류하면, 이 꿈들 모두에서 두 가지 원칙이 보인다. 이 중 하나는 인간의 꿈에서 중요한 역할을 하고 있음에도 불구하고, 그에 대한 설명은 아직 제대로 이뤄지지 않고 있다. 이런 꿈들을 자극하는 동기 중 하나가 바로 내(프로이트)가 틀린 것으로 드러났으면 좋겠다는 소망이다.

나의 이론에 저항하는 환자들은 치료를 받는 동안에 그런 꿈을 자주 꾼다. 꿈은 소망 성취라는 나의 이론을 환자에게 설명해 준 뒤에 꾼 꿈이라면, 나는 그 꿈을 상당히 정확히 해석할 수 있다. 심지어 나는 환자들에게서 나의 이론이 잘못된 것으로 확인되었으면 하는 희망이 성취되는 꿈을 예상하기도 한다.

지금 내가 들려줄 꿈도 나의 치료를 받는 환자가 꾼 것인데, 바로 그런 소망을 분명하게 보여주고 있다. 나의 치료를 더 이상 받지 말라고 조언하는 가족과 상담사들의 뜻에 맞서 나로부터 치료를 계속 받고자 노력했던 소녀가 들려준 꿈이다.

가족들이 그녀에게 나의 치료를 더 이상 받지 못하도록 막았다. 그러자 그녀는 꼭 필요한 경우에 무료로 치료해 주겠다고 한 나의 약속을 상기시켰다. 이에 내가 그녀에게 "돈 문제만은 확실히 해 둘 필요가 있어."라고 말했다고 한다.

이런 꿈의 경우에 소망 성취라는 점을 보여주는 것은 절대로 쉬운 일이 아니다. 하지만 이런 종류의 꿈 모두에는 두 번째 문제가 들어 있다. 이 두 번째 문제를 해결하는 것이 첫 번째 문제를 푸는 데 도움이 된다. 나의 입을 빌리고 있는 말을 소녀는 어디서 끌어온 것일까? 당연히 나는 그녀에게 그런 말을 하지 않았다. 그러나 그녀에게 막강한 영향력을 행사하고 있던 오빠 한 사람은 나에 관해 그런 식으로 말할 만큼 동생에게 다정하게 대했다. 그렇다면 이 오빠가 옳은 것으로 확인되는 것이 꿈의 목표이다. 그리고 그녀는 이 오빠를 꿈에서만 정당화하려고 애를 쓰고 있는 것이 아니라 실제 생활에서도 그렇게 하려고 애를 쓰고 있으며, 그것은 그녀가 병에 걸려 있는 동기이기도 하다.

이런 역(逆)소망 꿈을 야기하는 다른 동기 하나는 너무나 명백한 나머지 평소에 간과될 위험까지 안고 있다. 나도 한동안 그걸 몰라봤다.

많은 사람들의 성적 성향을 보면, 거기서 자학적인 요소가 발견된다. 공격적이고 사디스트적인 요소를 그것과 반대되는 요소로 전환한 결과 나타나는 현상이다.

만약에 그런 사람들이 자신에게 가해지는 육체적 고통이 아니라 영혼의 굴욕이나 징벌에서 쾌감을 추구한다면, 우리는 그들을 '이상적인' 마조히스트(피학대 음란증 환자)라고 부른다. 그런 사람들이 역(逆)소망 꿈과 불쾌한 꿈을 꿀 수 있는 것은 확실하다. 그런데 그런 꿈들이 그들에겐 소망의 성취나 다름없다. 그들의 피학적 성향 때문에 그런 꿈도 그들에게 만족감을 안겨줄 수 있다. 그런 꿈을 하나 소개한다.

지금은 성격이 완전히 바뀌었지만, 어릴 때는 형에게 동성애적인 애착을 느끼며 형을 무척 괴롭힌 한 젊은이가 꾼 꿈은 3개 부분으로 이뤄져 있다. 1)젊은이가 형으로부터 모욕을 심하게 당하고, 2)어른 두 사람이 동성애적인 애정을 보이면서 서로를 애무하고, 3)형이 그가 미래에 경영을 맡기로 되어 있던 회사를 팔아버리는 내용이다. 그는 마지막 대목에서 아주 불쾌한 기분을 느끼며 잠에서 깨어났다.

이것은 자학적인 소망 성취의 꿈이다. 꿈은 이렇게 해석될 수 있다. '형이 나의 이익을 무시하고 회사를 매각하면 오히려 내 마음이 한결 가벼워질 거야. 그동안 형이 내게 당한 고통에 대한 보상이 될 테니까.'

지금까지 많은 예를 제시하며 꿈에 대해 논의해왔다. 이제는 고통스런 내용이 담긴 꿈까지도 소망 성취로 분석될 수 있다는 점이 이해되었을 것 같다. 또 사람들이 꿈을 해석하는 도중에 말하고 싶지 않거나 생각하고 싶지 않은 주제들을 언제나 맞닥뜨리게 되는 것도 결코 우연이 아닌 것으로 다가올 것이다. 그런 꿈이 불러일으키는 불쾌한 감정은 우리가 그 주제에 대한 논의를 억제하도록 하려는 혐오와 동일하다. 불쾌함에도 불구하고 그 문제를 처리하려면 혐오를 극복할 수 있어야 한다. 그러나 꿈에 나타나는 불쾌한 감정은 소망이 생겨나는 것을 막지 못한다.

누구에게나 타인에게 밝히고 싶지 않은 소망이 있을 뿐만 아니라 자기 자신에게조차 인정하고 싶지 않은 소망이 있다. 다른 근거들을 바탕으로, 이런 꿈들의 불쾌한 특징과 꿈 훼손을 서로 연결시켜도 무방하다. 또 이 꿈들이 왜곡되었다고 결론 내려도 문제가 되지 않는다. 또 꿈의 주제나 꿈이 창조하는 소망과 관련해 어떤 반감, 다시 말해 억압하려는 의지가 존재한다는 이유로 소망의 성취를 인정할 수 없는 한, 꿈의 소망 성취는 위장되고 있다고 결론을 내려도 무방하다.

그렇다면 꿈 훼손은 사실 검열관의 행위로 드러난다. 우리의 공식을 '꿈은 (억눌리거나 억압된) 어떤 소망을 (위장해) 성취하는 것'이라는 식으로 바꿔 쓴다면, 우리는 불쾌한 꿈들의 분석에서 밝혀질 모든 것을 고려하게 될 것이다.

이런 식으로 설명해도, 불안 꿈들은 여전히 고통스런 내용을 담고 있는 특별한 종류의 꿈으로 남는다. 이 꿈들을 소망 꿈의 범주에 포함시키는 것이 꿈의 해석에 익숙하지 않은 사람들에게는 좀처럼 이해되지 않을 것이다. 그러나 나는 불안 꿈들의 문제를 아주 쉽게 해결할 수 있다. 그런 꿈들이 드러낼 것들이 꿈 문제에 새로운 것이 아니기 때문이다. 그것은 신경증적 불안에 대한 이해가 전반적으로 이뤄지면 해결될 수 있는 문제이다.

우리가 꿈을 꾸면서 경험하는 공포는 꿈 내용만으로는 대략적으로만 설명될 뿐이다. 꿈 내용을 분석 대상으로 삼는다면, 꿈속의 공포의 원인을 꿈 내용에서 찾을 수 없는 것은 공포증 환자의 공포의 원인을 환자가 무섭다고 여기고 있는 그것으로 볼 수 없는 것과 똑같다는 사실을 깨닫게 될 것이다.

예를 들어 보자. 창문 밖으로 추락하는 것이 가능한 상황이고, 또 사람이 창가에 서 있을 때에는 어느 정도 조심을 하는 것이 옳은 일이다. 그러나 그런 공포증을 앓는 사람들의 불안이 왜 그렇게 터무니없이 큰지, 또 왜 그 공포가 그 사람을 줄기차게 따라붙고 있는지에 대한 설명은 불가능하다.

그렇다면 공포증에 적용되는 설명이 그대로 불안 꿈에도 적용된다고 보면 된다. 공포증에서와 마찬가지로 불안 꿈에서도 불안은 거기에 수반되는 생각에 피상적으로 덧붙여진 것에 지나지 않으며, 그것이 생겨나는 원인은 따로 있는 것이다.

꿈속의 공포와 신경증적 공포 사이에 밀접한 관계가 있기 때문에, 꿈속의 공포에 대해 논하다 보면 자연히 신경증적 공포를 언급하지 않을 수 없게 된다. '불안 신경증'에 관한 에세이에서, 나는 신경증적 공포의 뿌리가 성생활에 있으며 애정의 대상으로부터 퇴짜를 맞아 욕구를 충족시키지 못한 리비도(libido: 무의식 안에 있는 본능적인 에너지나 힘을 의미하는 표현으로, 주로 성적 충동을 뜻한다/옮긴이)에 해당한다는 주장을 폈다.

그 후로 점점 더 타당성을 인정받고 있는 이 설명으로부터 우리는 이런 결론을, 말하자면 불안 꿈들의 내용은 성적 성격을 지니고 있으며, 그 꿈 내용에 속하는 리비도가 공포로 바뀌었다는 식의 결론을 끌어낼 수 있다.

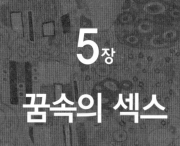

5장

꿈속의 섹스

꿈의 해석이 깊어질수록, 성인의 꿈 과반수가 성적 내용을 다루거나 성적 욕망을 표현하고 있다는 점을 받아들이려는 자세가 더욱더 필요해진다. 꿈을 진정으로 분석하는 사람들, 말하자면, 꿈의 명백한 내용으로부터 잠재적 꿈 사고로 나아가려고 노력하는 사람들만이 이 주제에 대해 나름의 의견을 형성할 수 있다. 그렇지 않고 꿈의 명백한 내용만을 연구 대상으로 삼는 사람들은 꿈의 해석을 절대로 성취하지 못한다.

성인의 꿈이 주로 성적 욕망을 표현한다는 점에 이상한 구석은 하나도 없다. 그것도 꿈 설명에 관한 기본 가정들과 완벽히 조화를 이루는 사실이라는 점을 기억하도록 하자. 어린 시절부터 성적 충동만큼 압박을 많이 받아온 충동이 있는가. 온갖 성적 요소들은 당연히 억압의 대상이 되었다. 그런 까닭에 성적 욕망은 다른 어떤 충동보다 더 강하게 무의식에 남아 있다.

무의식에 남아 있는 성적 욕망이 사람이 잠을 자는 동안에 작용하면서 꿈을 엮어낸다. 꿈을 해석할 때, 성적 콤플렉스의 중요성을 망각하면 절대로 안 된다. 그렇다고 해서 성적 콤플렉스만을 전적으로 고려할 정도로 과장하는 일도 없어야 한다.

세심한 해석을 거치면 많은 꿈들이 양성애적인 내용을 담고 있는 것으로 드러난다. 동성애적인 감정이 실현되는 부차적 해석이 가능한 한에서 보면 그런 것 같다. 그러나 내가 볼 때 모든 꿈이 양성애적인 내용으로 해석될 수 있다는 주장은 적절하지도 않을 뿐더러 입증도 불가능한 일반화인 것 같다. 그러기에 나로서는 그런 주장을 옹호하고 싶지 않다.

무엇보다 나는 넓은 의미에서의 성적 욕구 외에 다른 것들을 만족시키는 꿈도 많다는 엄연한 사실 앞에서 어떻게 해야 할지 잘 모르겠다. 굶주림과 갈증, 소망 성취에 관한 꿈들도 있는 것이다. 마찬가지로, '모든 꿈의 뒤에서 사형선고를 발견한다'(빌헬름 슈테켈(Wilhelm Stekel))거나 '모든 꿈은 여성적인 노선에서 남성적인 노선으로 넘어가는 것을 보여준다'(알프레드 아들러)는 주장도 나에겐 꿈의 해석에서 용인될 수 있는 범위를 벗어난 것처럼 보인다.

겉보기에 순진무구해 보이는 꿈들도 거의 예외 없이 상스러운 성적 소망을 나타내고 있다는 점을 우리는 이미 다른 자리에서 주장했으며, 수많은 새로운 예를 바탕으로 그 점을 입증할 수 있다. 그러나 중요하지 않아 보이는 꿈과 중요한 의미가 숨어 있을 것이라는 의심을 전혀 사지 않을 꿈도 분석을 거치면 성적 소망으로 좁혀질 수 있다.

꿈 내용에 비춰 전혀 뜻밖의 해석이 나오는 경우가 자주 있다. 다음과 같은 꿈의 경우에 해석 과정을 거치지 않고서야 어떻게 성적 소망을 의심할 수 있겠는가? 꿈은 이렇다.

> 아주 아름다운 궁전 두 개 사이로 자그마한 집이 한 채 서 있다. 다소 뒤로 물러서 있는 것 같고, 문들은 굳게 닫혀 있다. 아내가 좁은 길을 따라 나를 자그마한 집으로 안내한 뒤 안으로 밀어 넣는다. 그러자 나도 재빨리 미끄러지듯 안마당으로 들어간다. 안마당은 위로 약간 경사져 있다.

물론 꿈을 해석해 본 경험이 많은 사람이라면 누구나 좁은 공간을 뚫고 들어가고 닫힌 문을 여는 것이 가장 흔한 성적 상징에 속한다는 사실을 금방 알아차릴 수 있다. 그러면서 이 꿈에서 뒤로부터의 성교 시도를 표현한 대목(여체의 아름다운 엉덩이 사이)을 쉽게 발견할 것이다. 약간 경사진 좁은 길은 당연히 여자의 질(膣)이다.

꿈을 꾼 사람의 아내가 남편을 돕는다는 부분에서 약간의 해석이 필요하다. 현실에서 그런 성적 시도를 막을 수 있는 것은 아내에 대한 남편의 배려뿐이다. 더욱이, 꿈을 꾼 사람을 상대로 이런저런 이야기를 나눠본 결과 전날 그의 집으로 어린 소녀가 들어왔다는 사실이 드러났다. 이 소녀가 그의 기분을 즐겁게 해주었으며, 그에게 그런 식으로 접근해도 완강히 반대하지 않겠구나 하는 인상을 주었다. 두 개의 궁전 사이에 서 있는 자그마한 집은 프라하의 흐라드차니 광장에 대한 추억에서 나왔으며, 이것 역시 그 도시가 고향인 소녀를 가리킨다.

환자들에게 자기 어머니와 성관계를 갖는 오이디푸스 꿈이 자주 나타난다는 점을 강조할 때면 어김없이 돌아오는 반응이 있다. 대부분의 환자가 "저는 그런 꿈이 기억나지 않는데요."라고 대답하는 것이다. 하지만 그렇게 말하는 순간, 그들에게 겉보기에 아무렇지도 않은 어떤 꿈에 대한 기억이 떠오른다. 환자가 반복해서 꾸는 꿈이다. 분석을 거치면 그 꿈이 바로 오이디푸스 꿈과 같은 내용인 것으로 드러난다. 그러면 나는 어머니와 성관계를 갖는 꿈은 명백한 형태보다는 숨겨진 형태로 나타나는 경우가 더 빈번하다는 사실을 강조한다.

풍경이나 장소에 관한 꿈 중에서 꿈을 꾸는 사람에게 "예전에 와본 기억이 있는 것 같은데…." 하는 생각이 들도록 하는 꿈이 있다. 이런 경우에 그 장소는 언제나 어머니의 생식기이다.

종종 대단히 무서운 공포가 수반되는 꿈들 중에서 좁은 공간을 통과하거나 물속에 잠기는 내용의 꿈들이 있다. 이런 꿈들은 태아로 살 때의 삶이나 어머니의 자궁 안에 있는 상황, 출생 행위에 관한 공상에 바탕을 두고 있다. 다음에 들려주는 내용은 태아일 때 이미 자기 부모의 성교 행위를 엿볼 기회를 가졌다는 식으로 공상의 나래를 펴는 젊은이가 꾼 꿈이다.

그는 깊은 통로 안에 있다. 통로 안에는 젬머링 터널(Semmering Tunnel) 안처럼 창문이 하나 나 있다. 먼저 그는 창문으로 휑한 풍경을 본다. 이어 풍경 속에 그림을 그려 넣으며 빈 공간을 채워나간다. 그림은 써레질이 완벽하게 된 어떤 들판을 표현하고 있다. 대기는 기쁨으로 충만한 듯하다. 열심히 일하는 근면의 정신이 느껴지고, 남빛이 감도는 검은 흙이 아주 즐거운 인상을 풍긴다. 이어서 그는 초등학교의 문이 열려 있는 것을 본다. 학교에서 아이들의 성적 감정에 관심을 아주 많이 쏟고 있다는 사실을 확인하고 놀란다. 이것이 그로 하여금 나를 생각하도록 만들었다.

이번에는 어느 여자 환자가 꾼 물에 관한 꿈을 소개한다. 치료 과정에 특별히 중요하게 다뤄진 꿈이다.

어느 호숫가의 여름 별장에서, 그녀는 은은한 달빛이 부서지는 지점에서 시커먼 물속으로 뛰어들었다.

이런 유의 꿈은 분만의 꿈이다. 명백한 꿈 내용에 보고되는 사실을 거꾸로 바꿔놓는 것이 꿈의 올바른 해석이다. 그렇다면 '물속으로 뛰어든다'는 부분을 '물속에서 나오다'로, 즉 '태어나다'로 풀이하면 된다. 프랑스어 'la lune'(달)의 속된 의미를 떠올리면 인간 존재가 태어나는 곳을 어렴풋이 짐작할 수 있다. 그렇기 때문에 은은한 달은 하얀 '엉덩이'가 된다. 아이는 곧 그곳을 자신이 태어난 곳으로 인식한다.

그렇다면 이 환자가 자신의 여름 별장에서 태어나기를 원한다는 것은 무슨 의미인가? 내가 환자에게 이런 질문을 던졌더니 그녀는 한 순간의 주저도 없이 이렇게 대답했다. "지금 제가 받고 있는 치료가 나를 다시 태어나도록 만드는 것이 아닌가요?" 이리하여 꿈은 그 여름 별장에서 치료를 계속하자는, 즉 그곳에 있을 그녀를 방문해달라는 초청장이 되었다. 어쩌면 이 꿈이 어머니가 되고 싶은 그녀의 바람을 수줍게 내비치는 것일지도 모른다.

해석을 거칠 경우에 분만의 꿈으로 드러나는 또 다른 예를 이번에는 어니스트 존스(Ernest Jones)의 책에서 뽑아냈다.

그녀는 바닷가에 서서 자기 아들처럼 보이는 어린 소년이 물속으로 걸어 들어가는 모습을 바라보고 있었다. 그러다 소년이 물에 완전히 잠기고 있었다. 이젠 물 위로 나타났다가 잠기기를 되풀이하는 소년의 머리만 보일 뿐이다. 그러다 장면이 사람들로 붐비는 호텔의 홀로 바뀌었다. 그녀의 남편은 그녀 곁을 떠났고, 그녀는 낯선 사람과 대화를 하게 된다.

분석을 거치면 이 꿈의 후반부는 그녀가 남편으로부터 탈출해 제3의 인물과 친한 관계를 맺는 것을 표현하고 있다. 이 꿈의 전반부는 출산의 환상에 관한 것임에 틀림없다. 신화학에서와 마찬가지로 꿈에서도 아기가 양수에서 나와 세상에 태어나는 것이 왜곡되어 물로 들어가는 것으로 표현된다. 신화에서 아도니스와 오시리스, 모세, 바쿠스가 이런 식으로 그려지는 대표적인 예이다.

머리가 물 위로 떠올랐다가 가라앉는 모습은 동시에 환자에게 자신이 임신 중에 직접 경험한 아기의 뱃속 움직임을 떠올리게 만들었다. 소년이 물속으로 들어가고 있다는 생각은 그녀가 소년을 물밖으로 끌어내어 포근히 감싸 안은 뒤 몸을 씻기고 옷을 입혀 자신의 가족으로 맞이하는 환상을 불러일으켰다.

이 꿈의 후반부는 애인과 눈이 맞아 달아나는 일에 관한 생각을 표현하고 있다. 그런데 이런 생각이 꿈의 전반부의 바닥에 깔린 잠재적 내용을 이루고 있다. 이 꿈의 전반부는 잠재적 내용의 후반부, 즉 출산 공상에 관한 부분과 일치한다.

이런 순서의 도치 외에, 꿈의 전반부와 후반부에서 또 다른 도치가 이뤄진다. 전반부에서 소년이 물속으로 들어가고, 소년의 머리가 떠올랐다 가라앉았다 하기를 반복한다. 그러나 그 바닥에 깔린 꿈 사고에서는 먼저 뱃속 움직임이 일어나고 다음에 아이가 물을 떠난다(이중 도치). 꿈의 후반부에서는 남편이 그녀를 떠나고, 꿈 사고에서는 그녀가 남편을 떠난다.

첫 출산을 앞둔 어느 젊은 여인의 남편이 꾼 꿈을 하나 더 보자.

> 집의 마룻바닥 어딘가에서 지하수로가 곧장 물(산도(産道), 양수 (羊水))로 이어진다. 아내가 마루의 뚜껑을 들어올린다. 거기서 갈 색 모피를 걸친 어떤 생명체가 나타난다. 물개를 빼닮았다. 이 생명 체가 꿈을 꾼 사람의 동생으로 변한다. 그런데 아내는 그때까지 남 편의 동생에게 엄마 노릇을 해왔다.

'구조하는' 꿈은 출산 꿈과 연결되어 있다. 구조하는 행위, 특히 물에서 구조하는 행위는 여자의 꿈일 경우에 출산과 동일하다. 그 러나 그런 꿈을 꾼 사람이 남자일 때에는 의미에 다소 변화가 일어 난다.

잠자리에 들기 전에 우리가 한번 정도 떠올리게 되고, 또 경우에 따라 수면을 방해하게 되는 강도나 도둑, 귀신에 대한 생각은 어릴 적의 기억에서 비롯된다. 그런 것들은 아이들이 밤에 침대에 오줌 을 싸지 않도록 깨워 화장실로 가게 만들거나, 얌전하게 자도록 하 기 위해 나타나는 밤의 방문객들이다. 나는 이런 불안 꿈들 일부를 분석하면서 밤의 방문객의 정확한 의미를 파악할 수 있었다. 강도는 언제나 아버지이고, 귀신은 흰색 잠옷을 걸친 여자일 가능성이 크다.

꿈에서 성적 내용의 표현에 동원되는 수많은 상징과 익숙하게 되면, 자연스레 이런 의문이 생겨난다. 속기(速記)에 쓰이는 기호들과 달리, 꿈에서 성적 내용을 표현하는 상징들 중에 단순히 이것은 이런 의미라는 식으로 확정된 것이 많지 않은 이유가 궁금해지는 것이다. 또 암호 해독 방식에 따라 새로운 해몽서를 집대성하고 싶다는 유혹이 일어날 수 있다.

이 대목에서, 이 상징체계가 꿈에만 한정되는 것이 아니라는 점을 밝혀두고 싶다. 그보다는 무의식적 사고에, 더 구체적으로 대중의 무의식적 사고에 속하는 것이다. 또 이 상징체계는 꿈에서보다 민속학, 신화와 전설, 언어의 표현, 격언, 경구에서 더 완벽한 모습으로 나타난다.

꿈이 상징을 이용하는 이유는 잠재적 꿈 사고를 쉽게 알아차리지 못하도록 위장하기 위해서이다. 이런 식으로 사용되는 상징들 중에 거의 언제나 똑같은 것을 의미하는 것들이 많다. 이 대목에선 단지 정신적 자료가 기이할 정도로 놀라운 유연성을 발휘한다는 점을 기억할 필요가 있다.

꿈 내용 속의 상징을 상징적으로 해석하지 않고 그것의 실제 의미에 따라 해석해야 하는 경우도 간혹 있다. 그런 한편, 꿈을 꾸는 사람이 자신만의 특별한 기억 때문에 자신에게 의미 있는 것이면 무엇이든 성적 상징으로 사용할 수 있다는 점을 기억해야 한다. 이런 상황이라면 상징이 평소의 일반적인 의미로 사용되지 않을 수 있다. 아주 빈번하게 사용되는 성적 상징이라고 해서 거의 언제나 명백한 의미로 사용되는 것도 아니다.

이런 제한과 조건을 고려한다 하더라도, 나는 다음과 같은 점에 유의하라고 부탁하고 싶다. 대부분의 경우 황제와 황후(왕과 왕비)는 꿈을 꾸는 사람의 부모를 상징한다. 꿈을 꾸는 사람 본인은 왕자나 공주가 된다.

기다랗게 생긴 물건들 모두와 막대기, 나무줄기, 우산(위로 쭉 펴진 모양이 발기와 비교된다), 길고 예리한 무기들, 칼, 단검과 창들은 남성의 성기를 상징한다. 그것들에 비해 알아차리기가 조금 어렵긴 하지만 그래도 자주 등장하는 상징이 손톱 다듬는 줄(비비고 긁는 행위 때문?)이다. 자그마한 상자, 보석상자, 벽장, 스토브는 여성의 그 부분에 해당한다. 자물쇠와 열쇠의 상징도 음란한 농담을 아주 멋들어지게 표현한다.

쭉 늘어선 방들 사이를 걸어 다니는 꿈은 사창가 또는 규방에 관한 꿈이다. 계단과 사다리, 혹은 계단으로 달아나거나 계단을 오르는 행위는 위로 향하든 아래로 향하든 간에 성행위의 상징적 표현이다. 불안에 떨면서 사람이 올라가고 있는 매끈한 벽과 사람이 내려가고 있는 집의 정면은 똑바로 선 인체에 해당하며, 그것은 아마도 어릴 적에 부모의 등에 올라탔던 추억이 꿈에서 되풀이되는 것일 수 있다.

'매끈한' 벽들은 남자이다. 불안 꿈에서 사람이 집밖으로 툭 튀어 나온 것에 매달려 있는 경우가 더러 있다. 테이블과 식탁은 여자이다. '침대와 식탁'이 결혼을 의미하기 때문에, 결혼이 꿈에서 침대와 식탁으로 표현되는 경우가 자주 있다. 성적 표현이 음식 섭취의 표현과 겹치는 부분이 아주 많다.

이제 의상을 보자. 여자의 모자가 남자의 생식기로 해석되는 경우가 자주 있다. 남자들의 꿈에 넥타이가 페니스의 상징으로 자주 등장한다. 넥타이가 위에서 아래로 길게 늘어져 있고 남자들이 즐겨 매기 때문에 그렇기도 할 뿐만 아니라, 사람이 맘대로 선택할 수 있다는 이유로 그렇게 받아들여지기도 한다. 넥타이를 마음대로 선택할 자유는 그 상징의 원형(原型)에선 본래 금지되는 성격의 자유이다. 꿈에서 이 상징을 이용하는 사람들은 넥타이에 많은 돈을 낭비하며, 넥타이 컬렉션을 갖고 있기도 한다.

꿈에 나타나는 복잡한 기계와 장치는 모두 생식기를 상징할 확률이 높다. 이런 기계의 묘사를 통해서 우리는 꿈의 상징체계가 지성의 활동만큼이나 왕성하다는 사실을 확인할 수 있다.

마찬가지로 꿈속의 풍경, 특히 숲이 우거진 산이나 다리가 있는 풍경은 쉽게 생식기의 묘사로 받아들여진다. 마지막으로 도무지 이해할 수 없는 새로운 표현이 등장할 때에는 성적 의미를 지닌 여러 요소가 결합된 것으로 생각하면 된다.

꿈속의 아이들이 생식기를 의미하는 경우도 자주 있다. 성인 남녀들이 자신의 생식기에 애정 어린 눈길을 주며 '귀여운 것'이라고 말하는 버릇이 있는 것처럼. 남성 생식기를 뜻하는 최근의 상징으로 날아다니는 기계가 언급된다. 이 기계를 그런 상징으로 활용하는 것은 그것의 모양만 아니라 비행과의 관계와 관련해서도 꽤 그럴듯하게 받아들여진다. 꿈속에서 아이와 놀거나 아이를 때리는 것이 수음을 표현할 때가 종종 있다.

충분한 검증을 거치지 않은 측면이 일부 있긴 하지만, 슈테켈이 제시하는 상징은 꽤 많다. 그는 예를 제시하며 상징들을 설명하고 있다.

그에 따르면 오른쪽과 왼쪽은 꿈속에서 도덕적 의미로 받아들여진다. "오른쪽 길은 언제나 정의로운 길을, 왼쪽 길은 범죄의 길을 의미한다. 따라서 왼쪽은 동성애와 근친상간, 성도착을 의미하는 반면에 오른쪽은 매춘부와의 관계와 결혼 등을 의미한다. 의미는 언제나 꿈을 꾸는 사람 개인의 도덕적 관점에 의해 결정된다."

꿈속의 친척들은 대체로 생식기의 역할을 맡는다. 마차를 잡지 못하는 것은, 슈테켈에 따르면, 연령 차이를 극복하지 못하는 것으로 받아들여진다. 사람이 여행을 하면서 갖고 다니는 짐은 그 사람을 짓누르고 있는 죄의식이다. 또한 꿈에 자주 나타나는 숫자들은 슈테켈에 의해 확고한 상징적 의미로 해석된다.

그러나 이런 해석은 아직 검증을 충분히 거치지 않았기 때문에 일반적으로 유효한 것으로 받아들여지기 어렵다. 각각의 꿈에 따라 그런 식의 해석이 가능할지는 몰라도 대체적인 상징으로 통할 수 있을지는 더 두고 볼 일이다.

W. 슈테켈의 책『꿈의 언어』(Die Sprache des Traumes)를 보면 가장 흔하게 쓰이는 성적 상징들이 목록으로 정리되어 있다. 이 목록의 목적은 모든 성적 상징들이 남성적으로나 여성적으로 두루 이용될 수 있다는 점을 입증하는 것이다. 그는 "(어떻든 공상에 의해 허용된다면) 상징 중에 남성적인 의미와 여성적인 의미로 동시에 이용될 수 없는 것이 있을까?"라고 반문한다. 분명, 괄호 안의 내용이 그의 주장에 담긴 확신을 크게 약화시키고 있다. 어쨌든 그런 공상은 절대로 일어나지 않는다.

그러나 나는 나 자신의 경험에 비춰볼 때 슈테켈이 일반적인 주장을 버리고 상징의 다양성을 받아들이는 것이 바람직하다는 의견을 제시하고 싶다. 여성의 생식기와 남성의 생식기를 동시에 의미하는 상징들도 있지만, 거의 절대적으로 남자 또는 여자의 생식기에만 쓰이는 상징도 많다. 또 남성적인 의미 또는 여성적인 의미로만 알려진 상징도 아주 많다. 길고 단단한 물건과 무기들을 여성 생식기의 상징으로 사용하거나 속이 빈 물건들(상자와 주머니 등)을 남성 생식기의 상징으로 사용하는 일을, 공상은 절대로 용인하지 않는다.

꿈과 무의식적 공상이 성적 상징을 남성과 여성에게 똑같이 적용하려는 경향이 초창기의 어떤 현상을 드러내고 있다는 말은 옳은 말이다. 어린 시절에는 생식기 차이가 제대로 알려지지 않고, 남자나 여자나 똑같은 생식기를 갖고 있는 것으로 여겨지기 때문이다.

이런 매우 불완전한 제안들 앞에서 많은 사람들이 상징을 수집하는 일에 보다 조심스럽게 접근해야겠다는 생각을 품게 될 것이다.

여기서 나는 꿈에 그런 상징체계를 적용하는 예를 몇 가지 제시하고 싶다. 그러면 꿈의 상징체계를 고려하지 않을 경우에 꿈의 해석이 불가능해지는 이유가 명쾌하게 드러날 것이다. 아울러 상징이 얼마나 빈번하게, 또 얼마나 당당하게 꿈속에 나타나는지도 확인될 것이다.

1. **남자(남성 생식기)의** **상징인 모자**	남자들의 유혹에 대한 두려움 때문에 광장공포증을 앓던 젊은 여인이 꾼 꿈의 일부이다.

내가 한여름에 거리를 걷고 있어요. 아주 특이하게 생긴 밀짚모자를 쓰고 말입니다. 모자의 가운데는 위쪽으로 굽었고, 양 옆은 아래로 처졌어요. (이 대목에서 묘사에 어려움을 겪는다.) 한쪽 옆이 다른 쪽 옆보다 조금 낮은 디자인입니다. 기분은 유쾌했고 걱정거리가 하나도 없었어요. 그러다 젊은 경찰관들의 옆을 지나치는데 문

득 이런 생각이 들더군요. '저 사람들 중엔 이런 디자인을 가질 수 있는 사람은 한 사람도 없겠지.'

그녀가 이 모자와 관련해 연상을 전혀 떠올리지 못했기 때문에 내가 이렇게 말해주었다. "모자는 정말로 남자의 생식기이다. 위로 올라간 가운데 부분과 아래로 처진 양쪽이 영락없는 그것이다." 나는 모자 양쪽의 밑으로 처진 부분이 좌우 대칭이 아니라는 점에 대해서는 세세하게 설명하지 않았다. 그런 특징 하나만 던져줘도 쉽게 해석의 길이 열릴 테지만, 어쨌든 그 부분에 대한 설명은 고의로 피했다.

이어서 나는 그녀에게도 건강한 생식기를 가진 남자만 있었다면 경찰관들에게 전혀 두려움을 느끼지 않았을지 모른다고 덧붙였다. 그녀가 유혹의 환상 때문에 남자의 보호를 받지 않는 상태에서 외출하는 일이 없을 테니까. 그녀의 두려움에 대한 이 마지막 설명은 내가 이미 다른 자료를 바탕으로 그녀에게 여러 차례 들려준 내용이다.

그녀가 이 해석을 들은 뒤에 한 행동을 보면 정말 놀랍다. 그녀는 모자에 관한 묘사를 취소했으며, 모자의 양쪽이 아래로 처졌다는 말은 아예 하지도 않았다고 주장했다. 그러나 나는 나 자신이 들은 내용을 너무나 또렷하게 기억하고 있었기 때문에 그녀의 주장을 곧이곧대로 받아들일 수 없었다. 그래서 나도 처음의 입장을 굽히지 않았다.

그녀가 한동안 침묵을 지켰다. 그러다 용기를 내서 자기 남편의 고환 중 하나가 더 많이 처진 이유가 무엇인지, 그리고 다른 남자들도 다 그런지 물었다. 모자의 독특한 디테일에 대한 설명이 이런 식으로 이뤄지자, 그녀는 자신의 꿈에 대한 해석을 모두 받아들였다. 모자의 상징은 나의 환자가 이 꿈을 들려주기 오래 전부터 나에겐 익숙한 것이었다. 조금 명쾌하지 않은 부분이 있기는 하지만, 나는 모자가 여성의 생식기를 상징할 수도 있다고 믿는다.

2.
생식기로서의
어린 아이

차에 치이는 사건이 성교의 상징으로 나타날 수 있다. 광장공포증을 앓는 환자가 들려준 또 다른 꿈이다.

그녀의 어머니가 그녀의 어린 딸을 멀리 보낸다. 그래서 그녀는 혼자 가야 한다. 그녀는 어머니와 함께 역까지 차를 타고 가다가 그녀의 어린 딸이 철로 위를 걷고 있는 모습을 본다. 이제 어린 딸이 기차에 치이는 것은 시간문제다. 뼈가 우지직 뭉개지는 소리가 들린다. (이 소리에 그녀는 불편한 감정을 느끼지만 공포감은 전혀 느끼지 않는다.) 이어서 그녀는 자동차 창문으로 신체의 부분들이 남아 있는지를 확인한다. 그런 다음에 그녀는 어린 아이가 혼자 가도록 한 어머니를 나무란다.

이 꿈을 분석해 보자. 완벽한 해석을 내놓기가 결코 쉽지 않은 꿈이다. 이 꿈은 연속되는 꿈의 일부이며, 다른 부분들과의 연결 속에서만 완전히 이해될 수 있다. 이유는 별도로 분리된 내용으로 볼 경우에 상징체계를 입증할 자료를 충분히 확보하는 것이 결코 쉬운 일이 아니기 때문이다.

이 환자는 역사적으로 철도 여행이 정신병 환자 요양원으로부터 퇴원하는 것을 암시한다는 점을 금방 알아차렸다. 그런데 그녀가 요양원의 의사를 사랑하고 있었다. 그녀의 어머니가 그녀를 요양원에서 데리고 나왔고, 의사가 역까지 나와서 떠나는 그녀에게 꽃다발을 건넸다. 그녀는 마음이 불편했다. 의사가 그녀에게 사랑을 표현하는 현장을 어머니가 목격했기 때문이다.

따라서 여기서 그녀의 어머니는 그녀의 연애를 방해하는 존재로 등장한다. 그것은 이 환자가 어렸을 때 엄격했던 어머니가 한 역할 그대로이다. 그 다음 꿈 사고는 이 문장에 그대로 담겨 있다. '자동차 창문으로 신체의 부분들이 남아 있는지를 확인한다.'

꿈의 외형을 보면, 어린 딸의 신체가 기차에 치어서 완전히 짓이겨졌을 것이라고 생각하게 되어 있다. 그러나 꿈 사고는 이와 많이 다른 방향으로 향하고 있다. 그녀는 자신이 언젠가 욕조에서 자기 아버지의 벌거벗은 뒷모습을 본 기억을 떠올린다. 그때부터 그녀는 남녀 차이에 대해 이야기하기 시작했으며, 남자의 경우에 성기가 뒤에서도 보일 수 있지만 여자의 경우에는 뒤에서 보이지 않는다는 점을 강조했다.

이 연결에서 그녀는 지금 어린 아이는 곧 생식기이고, 그녀의 어린 아이(그녀는 4살짜리 딸을 두고 있다)는 곧 그녀 자신의 생식기라는 해석을 제시하고 있다. 그녀는 자기더러 마치 생식기가 없는 사람처럼 살기를 바라는 어머니를 비난하면서, 꿈의 도입부에서 어머니를 원망한다는 점을 인정한다. 어머니가 그녀의 딸을 혼자 다른 곳으로 보냈기 때문에 그녀 혼자 가야 한다고 한 부분이다.

그녀의 공상을 보면 거리를 혼자 걷는 것은 사귀는 남자도 없고 성관계도 전혀 없다는 것을 의미한다(라틴어 코이레(coire)는 '함께 가다'라는 뜻이다). 이런 상황을 그녀는 좋아하지 않는다. 그녀의 모든 진술에 따르면, 그녀는 소녀 시절에 어머니의 질투에 많이 시달렸다. 그녀가 아버지를 더 좋아한 탓에 생긴 일이었다.

슈테켈에 따르면, '어린 아이'는 남성 또는 여성 생식기의 상징으로 통한다. 이 꿈의 보다 심오한 해석은 이 여자 환자가 같은 날 밤에 꾼 다른 꿈에 달려 있다. 그 꿈에서 그녀는 자기 오빠와 자신을 동일시했다. 그녀는 말괄량이였으며, 늘 '사내로 태어났어야 할 아이인데' 하는 소리를 들으며 살았다. 자기 오빠와 이런 식으로 동일시하는 것은 '어린 아이'가 생식기를 상징한다는 점을 아주 명쾌하게 보여준다. 그녀의 어머니가 그(그녀)에게 거세를 해버리겠다고 윽박질렀는데, 이는 그 부분을 갖고 장난을 친 데에 대한 처벌로 이해될 수밖에 없다. 그러므로 이 동일시는 그녀가 어렸을 때 자위를 했다는 것을 보여준다. 지금은 그녀가 이 사실을 자기 오빠와 관련한 기억 속에서만 간직하고 있을지라도.

어릴 때 알고 있었을 남자 성기에 관한 지식은 두 번째 꿈의 내용에 나오는 방식 그대로 터득되었을 것임에 틀림없다. 더욱이, 두 번째 꿈은 소녀도 원래 소년으로 시작했으나 거세를 하면서 소녀가 되었다는 유아기 '성 이론'을 말하고 있다. 내가 그녀에게 어린 시절에 가졌을 이런 믿음에 대해 이야기하자, 그녀는 당장 어떤 일화를 제시하며 그 점을 확인시켜 주었다. 소년이 소녀에게 "너, 그것 잘랐니?"라고 묻자, 소녀가 "아니야, 원래부터 그랬어."라고 대답하더라는 내용이었다.

따라서 첫 번째 꿈에서 '어린 아이', 즉 생식기를 멀리 보내는 것은 엄마로부터 협박받고 있던 거세에 관한 내용이다. 마지막으로 그녀는 자신이 소년으로 태어나지 않은 것에 대해 어머니를 원망한다.

다른 많은 자료를 통해 확인되지 않았다면, 기차에 '치이는 것'이 성교를 상징하는지는 이 꿈만으로는 분명하게 드러나지 않는다.

3.

구조물과 계단,

통로에 의한

생식기의 표현

아버지 콤플렉스에 짓눌려 지내는 어느 젊은이의 꿈이다.

그가 아버지와 함께 산책을 하고 있다.

공원 앞에 원형 건물이 보이는 것으로 보아서 프라터 공원(오스트리아 빈)임이 분명하다. 정면에 작은 구조물이 있고, 거기에 계류기구(繫留氣球)가 붙어 있다. 그러나 기구는 붕괴한 것 같다. 아버지가 아들에게 그것이 무엇에 쓰이는 것인지 묻는다. 그는 기구에 놀라면서 아버지에게 그것에 대해 설명한다. 그들이 안뜰로 들어가는데 거기에 양철이 넓게 깔려 있다. 아버지가 양철을 걷어내길 원한다. 그러나 아버지는 먼저 주변을 살핀다. 지켜보는 사람이 있는지 확인하기 위해서다. 그때 그가 아버지에게 자신이 할 수 있는 일은 감시인에게 부탁하는 것뿐이라고 말한다. 그런 다음에 그는 아무런 어려움 없이 원하는 만큼 양철을 걷어낸다. 이 안뜰로부터 통로까지 계단이 이어진다. 통로의 벽은 가죽 수첩 같이 생긴 것으로 덮여 있다. 통로 끝에는 통로보다 더 긴 플랫폼이 있고 이어서 새로운 통로가 시작된다."

이 꿈에 대한 분석은 이렇다. 이 꿈은 치료의 관점에서 보면 별로 반갑지 않은 유형의 환자가 꾼 것이다. 이런 유형의 환자들은 분석 중에 어느 지점까지 아무 저항 없이 분석의 틀을 따르다가 거기서부터는 거의 접근 불가능한 상태로 꼼짝하지 않는다.

환자는 이 꿈을 거의 혼자서 분석했다. 그는 "원형 건물은 나의 생식기이다. 앞의 계류기구는 나의 페니스이며, 나는 페니스의 힘이 약하다는 데 대해 걱정을 많이 해왔다."고 말했다. 그러나 우리는 훨씬 더 세세하게 해석해야 한다. 원형 건물은 엉덩이이며, 생식기와 더불어 연상된다. 그보다 작은 앞의 구조물은 음낭이다.

꿈에서 아버지가 아들에게 이것이 무엇에 필요한 것인지 묻는다. 즉, 생식기의 목적과 배열에 대해 물은 것이다. 여기서 둘의 입장이 바뀌어 있음이 분명하다. 그가 질문을 하는 입장이 되어야 한다. 아버지의 입장에서 그런 질문을 던지는 일은 현실에서 절대로 일어나지 않는다. 그러므로 우리는 꿈 사고를 하나의 소망으로 보든가 아니면 조건부로 다음과 같이 받아들여야 한다. "만약 내가 아버지에게 섹스에 관한 지식을 부탁했다면, ……"이라는 식으로. 이 생각이 다른 곳에서 이어지고 있는 것이 곧 확인될 것이다.

첫 번째 예에서 양철이 깔린 안뜰을 상징적으로 받아들이기가 어렵다. 그러나 안뜰은 아버지의 사업장에서 시작된다. 특별한 이유가 있어서, 나는 그의 아버지가 취급하는 품목을 양철로 바꿨다. 그러나 꿈의 표현 자체에는 전혀 손을 대지 않았다.

이 꿈을 꾼 젊은이는 아버지의 사업을 거들었으며 그러는 동안에 큰 이익을 내는 의문스런 상행위에 혐오감을 잔뜩 키웠다. 그렇다면 앞에 말한 꿈 사고("만약 내가 아버지에게 부탁했다면,…")은 이렇게 이어질 것이다. "아버지는 자신의 고객을 속이듯이 나도 속였을 것이다."

상업적 부도덕성을 뜻하는 양철 걷어내는 행위에 대해, 꿈을 꾼 사람 본인이 두 번째 설명을 제시한다. 자위이다. 이런 식의 해석은 우리 모두에게 익숙할 뿐만 아니라 자위의 은밀함이 오히려 정반대로 표현되고 있다는 사실("그 짓을 꽤 공개적으로 할 수 있는 이유")과도 일치한다. 더욱이, 그것은 아버지가 자위행위나 마찬가지인 버릇을 버리게 될 것이라는 우리의 예상과도 일치한다. 꿈의 첫 장면에서 던지는 질문처럼. 벽이 부드러운 것으로 덮여 있는 통로를 그는 금방 여성의 질(膣)로 해석한다. 질 안에서 일어나는 성교 행위가 평소처럼 상승이 아닌 하강으로 묘사되는 것을 나는 다른 예에서도 발견할 수 있었다.

첫 번째 통로의 끝에 통로보다 더 긴 연단이 있고 그 끝에서 다시 새로운 통로가 시작되는 디테일에 대해 그는 자신의 삶을 빌려 설명한다. 그는 한동안 여자들과 성관계를 맺으며 지내다가 집안의 금지 때문에 그 짓을 포기했으며, 지금은 치료의 도움으로 성관계를 다시 가질 수 있게 되기를 바라고 있다는 것이다.

그러나 꿈은 말미로 가면서 불분명해진다. 경험 많은 해석자의 눈에 꿈의 두 번째 장면에서 또 다른 주제가 분명히 드러나기 시작한다. 이 장면에서 아버지의 사업과 불성실한 사업 관행은 통로로 표현된 첫 번째 질(膣)을 의미하며, 그렇다면 통로를 그의 어머니를 나타내는 것으로 봐도 무방하다.

4.
사람으로 상징되는 남자의 생식기,
풍경으로 상징되는 여자의 생식기

경찰관을 남편으로 둔 어
느 하류 계층의 부인이 꾼
꿈으로 다트너(B. Dattner)
가 보고한 것이다.

… 이어서 누군가가 집에 난입해서 다급하게 경찰을 불렀다. 그러
나 경찰은 떠돌이 2명을 데리고 상호 동의하에 교회 안으로 들어
갔다. 교회까지 무수히 많은 계단이 놓여 있었다. 교회 뒤편은 산이
자리잡고 있었으며, 꼭대기는 나무로 울창했다. 경찰은 헬멧과 목
가리개와 망토를 갖추고 있었다. 별 말썽을 부리지 않고 경찰을 동
행했던 2명의 떠돌이는 사타구니에 앞치마처럼 생긴 자루를 묶고
있었다. 교회에서 산까지 길이 나 있었다. 길 양편으로 풀과 관목이
무성했다. 관목은 꼭대기로 올라갈수록 점점 더 빽빽해지다가 마
지막에는 숲으로 묻혔다.

5.

계단 꿈

오토 랑크(Otto Rank: 1884-1939)가 보고하고 해석한 꿈이다.

나는 집에서 어린 소녀를 뒤쫓아 계단을 달려 내려가고 있다. 나에게 어떤 짓을 한 소녀를 혼내 주기 위해서다. 계단 맨 아래에서 누군가가 나를 위해 아이를 잡았다. (성숙한 부인?) 나는 소녀를 움켜잡긴 했지만 때렸는지는 모르겠다. 갑자기 나 자신이 계단 중앙에 서 있다는 사실을 깨닫는다. 거기서(말하자면 공중에서) 나는 그 아이와 성교를 하고 있다. 하지만 그것은 절대로 성교가 아니다. 단지 나의 성기를 그녀의 성기 바깥쪽에 문지르고 있을 뿐이다. 그 짓을 하면서 나는 그 행위를 매우 또렷이 보고 있다. 옆으로 젖혀진 그녀의 머리만큼이나 선명하게 보인다. 그런 행위를 하는 동안에 나는 나의 왼쪽과 나의 머리 위로(또 공중인 것 같다) 그림 두 점을 본다. 풍경화다. 초원 위의 집을 그린 그림이다. 그 중 작은 그림에는 보통 화가의 사인이 있는 자리에 나의 성(姓)이 적혀 있다. 나의 생일 선물로 마련된 것처럼. 그림들 앞에 작은 안내판이 걸려 있다. 보다 싼 그림도 구입 가능하다는 취지의 안내문이다. 그러다 나는 침대에 누운 나 자신을 아주 흐릿하게 본다. 계단 맨 밑에 서 있는 나 자신을 보는 것처럼 아주 흐리다. 그러다 나는 몽정으로 축축한 느낌에 잠을 깬다.

이 꿈에 대한 해석은 어떨까. 이 꿈을 꾼 사람은 꿈을 꾼 날 저녁에 서점을 찾았다. 거기서 누군가를 기다리면서 그곳에 전시되어 있던 그림 몇 점을 살폈다. 꿈에 나타난 그림들과 비슷한 주제의 그림이었다. 그는 자신의 상상력을 특별히 강하게 자극한 작은 그림을 그린 화가가 누구인지 보려고 그림 쪽으로 가까이 걸음을 옮겼다. 그러나 그가 잘 모르는 화가였다.

같은 날 밤 늦은 시간에, 그는 사람들과 대화하다가 자신의 혼외 자식은 "계단에서 만들어졌다"고 떠벌리는 보헤미아 출신 하녀에 대한 이야기를 들었다. 그는 조금 엉뚱해 보이는 사건에 대해 상세하게 물었다. 그 결과 하녀가 애인과 함께 자기 부모의 집으로 갔으며, 거기서 성관계를 할 기회가 전혀 보이지 않자 흥분한 남자가 계단에서 그 짓을 했다는 사실을 알게 되었다.

꽤 두드러진 그날의 특별한 경험이 꿈 내용에 쉽게 재현되었다. 그러나 그는 어린 시절의 기억 한 조각도 떠올렸는데, 이 기억도 꿈에 이용되었다. 계단 집은 그가 어린 시절 대부분을 보낸 집이기도 하고, 그가 처음으로 성을 알게 된 집이기도 했다. 이 집에서 그는 특히 양다리를 벌린 자세로 계단 난간을 미끄러져 내려가는 놀이를 즐기면서 성적 흥분을 느꼈다.

꿈에서 그는 계단을 엄청 빨리 내려갔다. 그의 주장을 빌리면, 너무 빨라서 계단을 밟지 않을 정도였다니 날았거나 미끄러졌다는 표현이 더 어울릴 듯하다. 이런 어릴 적 경험을 고려한다면, 꿈의 시작 부분은 성적 흥분의 요소를 표현하는 것 같다. 이 꿈을 꾼 사람은 그 계단 집이나 인근의 집에서 이웃의 아이들과 어울려 전쟁 놀이를 즐기곤 했다. 그럴 때면 그는 꿈에서 그랬던 것처럼 스스로 큰 만족을 느낄 수 있었다.

여기서, 꿈속에 나타나는 계단이나 계단을 오르는 행위가 거의 틀림없이 성교를 상징한다는 나의 성적 상징체계를 떠올릴 수 있다면, 이 꿈은 아주 분명해진다. 몽정에 의해 드러나듯이, 꿈의 효과만 아니라 원인까지도 순전히 성적인 성격을 지닌다.

잠을 자는 동안에 성적 흥분이 일어났다(꿈에서 성적 흥분이 계단을 급히 달리거나 미끄러져 내려가는 것으로 표현되었다). 이 꿈의 사디스트적인 요소는 전쟁 놀이를 근거로 할 때 아이를 뒤쫓고 정복하는 행위에 들어 있다. 성적 흥분이 더욱 고조되면서 성행위를 하도록 충동질한다(꿈에서 아이를 붙잡은 뒤 계단 중앙으로 옮기는 것으로 표현된다).

여기까지 보면 이 꿈은 순전히 성적 상징을 가진 꿈이며, 꿈의 해석에 익숙하지 않은 사람에게는 분명하게 보이지 않을 수 있다. 그러나 평화로운 수면을 보장하는 이 상징적인 희열은 강력한 성적 흥분이 일어난 이유에 대한 설명으로는 충분하지 않다. 흥분은 오르가슴으로 이어지고, 그리하여 계단 상징체계 전체가 성교를 대체하고 있는 것으로 드러난다.

내가 계단을 성적 상징으로 보는 이유를 한 가지 든다면, 계단을 오르내리는 행위와 성교에 공통적으로 나타나는 리드미컬한 움직임이다. 이 꿈은 이 이유와 특별히 잘 맞아떨어지는 것 같다. 이 꿈을 꾼 사람의 분명한 주장에 따르면, 꿈 전반에 걸쳐 가장 두드러진 특징이 바로 성행위의 리듬이기 때문이다.

두 점의 그림과 관련해 할 이야기가 더 있다. 그것들이 겉으로 드러나는 의미 외에 '여성'의 가치를 지닌다는 점이다. 이는 꿈에 큰 그림과 작은 그림이 등장한다는 사실로 쉽게 확인된다. 꿈 내용이 큰(성장한) 소녀와 작은 소녀를 보여주듯이.

싸구려 그림을 구할 수 있다는 것은 매춘 콤플렉스를 가리킬 수 있다. 이 꿈을 꾼 사람의 성이 작은 그림에 적혀 있는 것이나 그림이 그의 생일을 위해 준비되었을 수 있다는 생각이 부모 콤플렉스를 암시하는 것처럼.

불분명한 마지막 장면, 즉 꿈을 꾼 사람이 층계참에서 침대에 누운 채 축축한 느낌을 느끼고 있는 자신을 보는 장면은 수음을 하던 때보다 더 어렸던 시절로 돌아간 것처럼 보인다. 몽정과 비슷한 쾌감을 안겨 주던, 수면 중 오줌 싸는 것을 떠올리게 하는 대목이다.

6.
변형된
계단 꿈

신경과민으로 고생하던 나의 환자 중에 매우 금욕적이고, 자기 어머니에게 온갖 환상을 품으며, 어머니와 함께 계단을 오르는 꿈을 반복적으로 꾸는 사람이 있었다. 이 환자에게 내가 강제적 금욕보다는 적절한 자위가 오히려 덜 해롭다는 뜻을 전한 적이 있다. 나의 조언이 환자로 하여금 다음과 같은 꿈을 꾸도록 만들었다.

> 피아노 선생이 피아노 연습을 게을리 한다고 그를 꾸짖는다. 또 이
> 그나츠 모쉘(Ignaz Moscheles: 1794-1870)의 '연습곡'과 무치오
> 클레멘티(Muzio Clementi: 1752-1832)의 '파르나소스에 이르는
> 계단'(Gradus ad Parnassum)을 연습하지 않는다고도 나무랐다. 이
> 꿈과 관련해 그는 '파르나소스에 이르는 계단'은 하나의 계단이며
> 피아노 자체도 건반이 있기 때문에 계단이나 마찬가지라는 말을
> 했다.

성적 사건을 상징하는 표현으로 쓰이지 못할 연상(聯想)은 없다는 말도 맞다. 나는 어느 젊은 화학자의 꿈을 끝으로 이 장을 마무리할 생각이다. 당시 이 화학자는 여자들과 성교를 함으로써 자위 버릇을 버리려고 애쓰고 있었다.

이 사람의 꿈을 거론하기 전에 먼저 예비적인 설명이 필요하다. 꿈을 꾼 날, 그는 한 학생에게 그리냐르(Grignard) 반응에 관해 가르쳤다. 그리냐르 반응이 일어나면, 마그네슘이 순수 에테르에서 요드의 촉매작용으로 인해 용해된다. 이틀 전에는 같은 반응을 가르치는 동안에 폭발 사고가 일어나 연구원이 손에 화상을 입었다.

꿈 #1. 그는 페닐마그네슘 브로마이드(phenylmagnesium-bromide)를 만들 작정이다. 실험 도구들이 선명하게 보인다. 그러나 그는 마그네슘을 자기 자신으로 대체한다. 그는 지금 신기하게 여겨질 만큼 기분이 심하게 동요하는 것을 느낀다. 그는 자신에게 거듭 속삭인다. "이게 맞아. 제대로 작동하고 있어. 나의 두 발이 용해되기 시작했어. 두 무릎이 물렁물렁해지고 있어." 그런 다음에 그는 자기 손으로 발을 만져 본다. 그러면서 그는 두 다리를 도가니에서 뺀다(하지만 어떻게 뺐는지 모른다). 그런 다음에 다시 그는 혼잣말을 한다. "그럴 수 없어. … 그래, 그렇게 되어야 했어. 정확히 했으니까." 그러다 그는 설핏 잠에서 깨어나면서 꿈 이야기를 나에게 둘려주겠다는 생각에서 꿈을 혼잣말로 되풀이한다. 틀림없이 그는 꿈 분석을 두려워하고 있다. 그는 잠이 반쯤 깬 상태에서도 상당히 흥분되어 있으며 "페닐, 페닐."이라고 거듭 되풀이한다.

꿈 #2. 그는 가족 모두와 뭔가를 하고 있다. 시간은 11시 반이다. 그는 어떤 부인을 만나러 빈의 쇼텐토르로 가야 하는데 11시 반까지 일어나지 못하고 있다. 그는 혼잣말로 중얼거린다. "이미 늦었어. 거기 도착하면 12시 반은 될 걸." 즉시 그는 가족 모두가 식탁 주변에 모여 있는 것을 본다. 어머니와 수프 단지를 든 하녀가 특별히 선명하게 보인다. 그러자 그는 혼잣말을 한다. "그렇지, 이미 식사를 하고 있다면 내가 빠져나갈 방법은 없어."

이 꿈을 분석해 보자. 꿈을 꾼 사람은 심지어 첫 번째 꿈에도 그가 만나기로 되어 있던 여인에 대한 언급이 있다고 느낀다(이 꿈은 만남이 예정된 전날 밤에 꾼 것이다). 그가 화학반응을 가르쳐준 학생이 특별히 불쾌한 존재이다. 학생은 화학자에게 "그게 아니에요."라고 말했다. 마그네슘이 아직 반응을 보이지 않았기 때문이다. 그러자 화학자는 그런 일 따위엔 신경도 쓰지 않는다는 식으로 대답했다. "안 되는 게 당연하지." 그 자신이 이 학생임에 틀림없다. 학생이 그의 화학합성에 무심한 것처럼, 그는 나의 분석에 무관심하다. 그러나 꿈속에서 실험을 수행하는 '그'는 나(프로이트)이다. 성공의 성취에 무관심한 태도를 보이는 그가 나에게 얼마나 불쾌하게 느껴지겠는가.

더욱이, 그는 분석(통합)이 행해지고 있는 바로 그 자료이다. 그렇다면 그것은 치료의 성공에 관한 문제이다. 꿈속의 두 다리가 전날 밤의 인상을 상기시킨다.

그는 댄스 교습소에서 정복하고 싶다는 욕망을 불러일으키는 여인을 만났다. 그가 그녀를 자기 쪽으로 바짝 끌어당길 때엔 그녀가 비명을 지르기도 했다. 그가 그녀의 다리에 몸을 밀착시키기를 그만둔 뒤 그는 무릎 바로 윗부분의 넓적다리를 그녀가 강하게 압박해오는 것을 느꼈다. 꿈에서 언급한 바로 그 부위였다.

그렇다면 이 상황에서 여인은 마침내 작동하고 있는, 증류기 속의 마그네슘이다. 그가 나에게 여자가 된다. 그가 그 여자에게 남자가 되듯이. 그 여인과의 일이 제대로 돌아간다면, 나와 함께 하는 치료 또한 제대로 돌아갈 것이다. 그가 무릎 부위에서 자기 자신을 느끼고 자각하게 된다는 것은 자위를 언급하는 내용이며, 또 그 전날의 피로를 뜻하기도 한다. 여인과의 만남은 실제로 11시 반으로 잡혀 있었다. 잠을 더 많이 자고 싶고 또 평소의 성적 대상(자위)을 그대로 간직하고 싶은 그의 소망이 약속 장소에 나가지 않으려는 그의 저항과 일치하고 있다.

6장

꿈속의 소망

꿈이 소망의 성취에 지나지 않는다는 주장은 우리 모두에게 분명히 낯설어 보였다. 그 주장이 낯설어 보인 이유는 꼭 불안 꿈에 나타나는 모순들 때문만은 아니었다.

분석적 설명을 통해서, 꿈이 의미와 정신적 타당성을 숨긴다는 것이 드러났다. 그렇다면 꿈이 숨기고 있는 의미가 무엇인지 정확히 판단하는 작업이 쉬울 것이라고 기대해선 곤란하다.

정확하면서도 간결한 아리스토텔레스(Aristotle)의 정의에 따르면, 수면 중에도 사고가 계속된 것이 꿈이다. 낮 동안에도 우리의 사고는 다양한 정신적 행위를 엮어낸다. 판단과 결론, 모순, 기대, 의도 등이 그런 정신적 행위들이다.

이런 사실을 고려한다면, 우리가 잘 때 일어나는 사고 과정이 소망의 생성에만 국한되어야 할 이유가 있을까? 반대로, 다른 정신적 행위, 이를테면 근심을 꿈의 형식으로 제시하는 꿈들이 많지 않을까? 다음에 언급하는 매우 솔직한 아버지의 꿈도 바로 그런 성격의 꿈이지 않을까?

잠을 자는 아버지의 눈으로 어슴푸레한 빛이 들어온다. 아버지는 그 빛을 근거로 걱정스런 결론을 내린다. 촛불이 넘어져 시신에 불이 옮겨 붙었다는 것이다. 그는 이 결론을 꿈으로 바꿔놓는다. 이 결론에 현재 시제로 펼쳐지는 어떤 상황을 그럴 듯하게 입히는 것이다.

그렇다면 이 꿈에서 소망의 성취에 해당하는 부분은 어느 것인가? 또 깨어 있던 상태가 반영되고 있다고 의심할 만한 대목은 어디이며, 새로운 감각 인상에 의해 일어난 생각이 반영되고 있다고 볼 수 있는 대목은 어디인가?

이런 여러 가지 사항들을 고려하는 것은 타당하며, 그럼으로써 우리는 꿈에서 소망 성취가 하는 역할을 더욱 깊이 파고들 수 있다. 아울러 깨어 있을 때의 생각들 중 수면까지 이어지는 생각들의 의미를 더욱 중요하게 여기게 될 것이다.

꿈을 두 개의 집단으로 구분하도록 유도한 것은 사실 소망 성취이다. 소망 성취를 노골적으로 보여주는 꿈들이 있는가 하면, 소망 성취가 좀처럼 파악되지 않고 온갖 수단에 의해 감춰져 있는 꿈들도 있다. 후자에 속하는 꿈들에서 꿈 검열관의 영향력이 감지된다.

전혀 위장이 없는 소망 꿈들은 주로 아이들에게서 발견된다. 한편, 숨김이 없는 소망 꿈들이 어른들에게도 일어나는 것처럼 '보였다'(어떤 목적이 있어서 이 단어를 특별히 강조한다).

이제 꿈에서 성취되는 소망이 어디서 비롯되는지를 물어야 할 때이다. 그러나 '어디서'라는 표현은 어떤 반대 또는 차이를 언급하는가? 나는 그것이 의식적인 일상의 삶과 무의식 상태에 남아 있는 정신 활동 사이의 반대를 가리킨다고 생각한다. 이 무의식 상태의 정신 활동은 밤에만 두드러질 수 있다.

그래서 나는 소망의 기원으로 3가지 가능성을 제시한다. 첫째, 소망이 낮 동안에 일어났으나 외부 환경 때문에 성취에 실패한 것일 수 있다. 어떤 자극에 의해 일어난 소망이 성취되지 못한 채 남아서 밤으로 넘어가게 되는 것이다. 둘째, 낮에 표면에 나타났다가 거부당한 까닭에 성취되지 못하고 억눌리게 된 소망이 있다. 셋째, 일상생활과 아무런 관계가 없고, 억압 때문에 밤 동안에 생겨나는 소망이 있다.

지금부터 정신 장치에 관한 우리의 견해를 따른다면, 첫 번째 종류의 소망을 전의식 체계에서 찾을 수 있다. 두 번째 종류의 소망은 전의식 체계에서 무의식 체계로 강제로 밀려난 소망이라고 할 수 있다. 그런 소망은 무의식 체계에 계속 남을 수 있다. 반면에 세 번째 종류의 소망은 무의식 체계를 결코 떠나지 못한다.

이렇게 설명하다 보면 이처럼 서로 다른 원천에서 일어난 소망들이 꿈에서 똑같은 가치를 지니는지, 또 이 소망들이 꿈을 일으킬 수 있는 힘을 똑같이 갖는지가 궁금해진다.

이 질문에 대한 대답을 구하기 위해 꿈들을 검토하기 시작하자마자, 꿈 소망의 네 번째 원천이 나온다. 갈증과 성욕처럼 밤 동안에 일어나는 실질적인 소망이 있는 것이다. 그렇다면 꿈 소망의 원천과 소망이 꿈을 일으키는 능력은 서로 무관한 것이 분명해진다.

낮 동안에 억눌려 있던 소망이 꿈에 나타난다는 사실은 수많은 예로 뒷받침되고 있다. 여기서 나는 아주 간단한 예를 하나 제시하고 싶다. 다소 냉소적인 젊은 여성에 얽힌 이야기이다.

그녀보다 나이가 어린 친구가 약혼을 하게 되었다. 그런데 엉뚱하게도 그녀가 온종일 친구의 약혼자에 관한 질문에 시달려야 했다. 친구의 약혼자를 알고 있는지, 친구의 약혼자에 대해 어떻게 생각하는지 따위를 묻는 질문이었다. 그녀는 약혼자의 실제 모습과 어울리지 않을 만큼 찬사를 늘어놓으면서 정작 자신의 판단에 대해서는 입을 꾹 다물었다. 친구의 약혼자가 지극히 평범하다는 진실을 말하고 싶었지만 그렇게 하지 않았다. 다음날 그녀는 똑같은 질문이 자기 자신에게 던져지는 꿈을 꾼다. 꿈속에서 그녀는 상투적인 대답을 한다. "똑같은 것이 연속적으로 이어질 때엔 번호만 대도 충분해."

마지막으로, 모든 꿈에 왜곡된 형태로 나타나는 소망은 무의식에서 비롯되며, 깨어 있는 상태에서는 지각되지 않는다는 사실을 우리는 수많은 분석을 통해 알게 되었다. 그렇다면 모든 소망들이 꿈의 생성에 똑같은 가치와 힘을 지니는 것 같다.

현재로선 나는 꿈 소망을 둘러싼 실상이 지금까지 말한 것과 다르다는 점을 증명하지 못한다. 그러나 나는 꿈 소망의 보다 엄격한 경향을 한 가지 제시하고 싶다. 아이들의 꿈을 보면 그날 성취되지 않은 소망이 꿈을 유발하는 역할을 맡는다는 주장엔 의심의 여지가 전혀 없다. 그러나 그 소망은 어쨌든 아이의 소망이고, 그것은 단지 유아적인 힘만 가진 소망 감정일 뿐이라는 점을 잊지 말아야 한다.

나는 어른의 경우에도 낮에 성취하지 못한 소망이 꿈을 창조할 만큼 충분한지에 대해 의문을 강하게 품고 있다. 어른의 꿈은 오히려 이런 식으로 전개되는 것 같다.

어른들은 지적 활동을 통해 자신의 충동을 통제하는 방법을 배운다. 그렇기 때문에 어린 시절에 자연스럽게 받아들여졌던 그런 치열한 소망의 형성 혹은 보유를 헛된 짓으로 치부한다. 이 점에서 개인마다 편차가 있으며, 어떤 사람들은 다른 사람들에 비해 유아적인 형태의 정신 작용을 더 오래 간직한다. 이 차이는 원래 뚜렷했던 시각적 상상력의 점진적 약화에 나타나는 차이와 똑같다.

그러나 대체로 나는 어른의 경우에 낮에 이루지 못한 소망이 꿈을 일으키기에 충분하지 않다는 의견에 동조한다. 나는 또 의식에서 비롯된, 소망을 유발하는 요소가 꿈을 유발하는 데 기여한다는 점을 흔쾌히 인정한다. 그러나 어디까지나 거기까지이다. 전의식의 소망이 또 다른 원천에 의해 강화되지 않는다면, 꿈은 꾸어지지 않을 것이다.

여기서 말하는 또 다른 원천이 바로 무의식이다. 나는 이렇게 믿는다. 의식적인 소망이 꿈을 선동하는 요소가 될 수 있는 경우는 그것이 그와 비슷한 무의식적 소망을 일으키는 데 성공할 때뿐이라고. 이때 무의식적 소망이 의식적 소망을 강화하게 된다.

신경증 환자들을 대상으로 한 정신분석에서 얻은 아이디어들을 바탕으로, 나는 이 무의식적 소망들이 언제나 작용하고 있으면서 의식적인 삶에서 나오는 감정과 결합할 기회가 생길 때마다 스스로를 표현할 준비를 갖추고 있다고 믿는다. 나는 또 이 무의식적 소망들이 그렇게 하면서 자체의 보다 강한 정신적 강도, 즉 에너지를 강도가 약한 의식의 감정으로 옮긴다고 믿는다. 그리하여 의식적인 소망만 꿈에서 실현되는 것처럼 보이게 된다. 그러나 꿈 생성의 어떤 특성 덕분에 우리는 무의식에서부터 막강한 협력자를 추적할 수 있다.

영원히 작용하고 있는, 말하자면 불멸인 무의식의 소망들은 전설 속의 티탄 족을 떠올리게 한다. 자신들을 이긴 신들이 아래로 굴린 태산(泰山)을 아득한 태고 적부터 지고 있으면서 지금도 가끔 육중한 사지를 흔들면서 몸을 떨고 있다는 그 거인족 말이다. 티탄 족을 상상하면 꿈 소망의 힘이 보다 쉽게 이해될 것이다.

억압에서 발견되는 소망들은 원래 유아 때 생긴 것이라고 나는 생각한다. 신경증 환자들을 대상으로 심리를 분석한 결과 그런 것으로 드러났다. 그래서 나는 앞서 표현한 의견, 즉 꿈 소망이 어디서 비롯되는지는 중요하지 않다고 한 의견을 버리고, 대신에 이런 의견을 취하고 싶다. 꿈에 명백히 표현된 소망은 어릴 적의 소망임에 틀림없다고.

어른의 내면에서 그 소망은 무의식에서 비롯된다. 반면, 아이의 경우엔 전의식과 무의식이 분리되지 않고 그 사이에 검열관이 없거나 전의식과 무의식이 형성 중이기 때문에, 아이의 소망은 깨어 있는 상태에서 나왔다가 성취하지도 못하고 억압되지도 않은 그런 소망이다.

나는 이 개념을 일반적으로 입증해 보일 수 없다는 점을 잘 알고 있다. 그럼에도, 나는 이 개념이 설명될 수 있는 경우가 자주 있으며, 이 개념을 일반적으로 부인할 수는 없다는 입장을 견지한다.

따라서 깨어 있는 의식적 상태에서 생겨나 남게 된 소망 감정은 꿈 형성에서 배경으로 밀려난다고 할 수 있다. 꿈 내용 중에서, 잠을 자는 동안에 실제로 느끼는 감각 자료로 돌릴 수 있는 부분만을 나는 그런 소망 감정으로 돌린다. 만약에 내가 지금 깨어 있는 상태로부터 넘어온, 소망이 아닌 다른 정신적 자극까지 고려한다면, 나는 이 생각의 기차가 나를 위해 세세하게 깔아놓은 노선만을 고수하게 될 것이다. 사람은 잠을 자기로 결정함으로써 깨어 있는 생각들에 쏟던 에너지를 일시적으로 중단시킬 수 있다. 그런 능력을 가진 사람은 틀림없이 잠을 아주 깊이 자는 사람일 것이다. 나폴레옹(Napoleon) 1세가 이런 부류의 모델로 유명하다.

그러나 사람들이 언제나 그런 식으로 생각의 에너지를 종식시킬 수 있는 것은 아니다. 해결되지 않은 문제들과 꼬리에 꼬리를 무는 걱정거리, 뇌리에서 지워지지 않는 인상들이 심지어 잠을 자는 동안에도 사고 활동을 계속한다. 아울러, 우리가 전의식이라고 부르는 체계 안에서도 정신 과정이 계속 벌어진다.

잠을 자는 동안에도 계속되는 이런 정신 과정들은 다음과 같이 몇 개의 집단으로 분류될 수 있다. 1)뜻하지 않은 저지로 인해 낮 시간에 마무리되지 않은 정신 과정 2)우리의 정신적 힘이 일시적으로 마비된 탓에 종료되지 못한 정신 과정 3)낮 시간에 부정당하거나 억눌린 정신 과정이 있다. 여기에 4)낮 동안에 전의식의 활동에 의해 무의식에서 일어난 정신 과정이 보태진다. 마지막으로, 5)중요하지 않은 까닭에 낮 동안에 미해결의 상태로 남은 인상들의 집단이 더해진다.

깨어 있는 동안에 일어난 이런 삶의 잔재들이 수면 속으로 불어넣는 정신적 강도를 과소평가하면 절대로 안 된다. 특히 미해결 상태로 남은 정신 과정들에서 나오는 정신적 강도를 무시하면 정말 곤란해진다.

이 흥분들은 밤에도 스스로를 표현할 길을 찾으려는 노력을 계속하는 것이 확실하다. 또 수면 상태이기 때문에 흥분이 전의식에서 지속되는 것도 불가능하고, 흥분이 의식적인 것으로 바뀌어 종말을 고하는 것도 불가능하다. 우리가 밤에도 자신의 정신 과정들을 정상적으로 의식하는 한, 그것은 결코 잠을 자는 것이 아니다.

여기서 나는 수면 상태가 전의식 체계에 일으키는 변화에 대해 논할 생각은 없다. 그러나 수면의 심리학적 성격이 기본적으로 전의식 체계에서 일어난 에너지의 변화에 따른 것이라는 데에는 의심의 여지가 없다. 전의식 체계의 에너지는 운동성(motility: 단세포 유기체 또는 다세포 유기체들이 에너지를 소비하면서 자발적으로 또 적극적으로 이동하는 능력을 말하는 생물학 용어/옮긴이)에 접근하는 것을 통제하는데, 잠을 자는 동안에 이 에너지가 마비된다. 이와 반대로, 꿈의 심리학에서는 수면이 무의식 체계의 조건들에 어떤 부차적인 변화를 일으키는 외에 다른 것을 일으킨다는 가설을 뒷받침할 만한 것은 전혀 없는 것 같다.

따라서 전의식에서 밤에 일어나는 흥분에 대해 말할 것 같으면, 이 흥분이 따를 수 있는 길은 무의식에서 일어나는 소망 흥분이 따랐던 길 외엔 전혀 없다고 볼 수 있다. 전의식의 흥분은 무의식으로부터 강화를 추구해야 하며, 무의식적 흥분이 흐르는 우회로를 따라야 한다.

그러나 전의식에 남은 낮의 잔재와 꿈은 어떤 관계일까? 전의식의 잔재들이 대거 꿈속으로 침투하고, 이 잔재들이 밤 동안에도 의식을 간섭하기 위해 꿈 내용을 이용한다는 데엔 의문이 전혀 없다. 정말로, 이 잔재들이 꿈 내용을 지배하면서 꿈 내용이 낮의 일을 계속하도록 몰아붙이는 경우도 간혹 있다.

낮의 잔재들은 소망의 성격과 다른 성격을 띠는 것이 확실하다. 그러나 낮의 잔재들이 꿈에 받아들여지기 위해서 따라야 하는 조건을 파악하는 것은 소망 성취 이론에 매우 유익하고 심지어 결정적이기까지 하다.

이 조건을 파악하기 위해 꿈 하나를 예로 제시한다. 나의 친구 오토(Otto)가 바제도병(Basedow's disease: 갑상선 호르몬의 과잉 분비로 일어나는 갑상선 기능 항진증을 일컫는다/옮긴이)에 걸린 모습으로 나타나는 꿈을 보자.

친구 오토의 외모가 낮 동안에 나로 하여금 걱정을 하도록 만들었다. 이 친구에 관한 다른 모든 것과 마찬가지로, 이 걱정도 당연히 나에게 영향을 미쳤다. 이 감정이 나의 수면 속까지 나를 따라붙었다고 짐작할 수 있다. 아마 내가 이 친구에게 무슨 일이 일어났는지 알아보겠다고 결심했을 것이다.

꿈에 나의 근심이 나타났다. 꿈의 내용은 무의미해 보일 뿐만 아니라 소망 성취의 흔적도 보이지 않았다. 그럼에도 나는 낮에 느낀 근심이 그처럼 부조리한 표현으로 나타나게 된 원인을 파고들기 시작했다. 분석 결과, 그 연결이 드러났다.

나는 친구 오토를 L이라는 남작과 동일시하고, 나 자신을 R이라는 교수와 동일시했다. 내가 낮의 생각을 이런 식으로 대체하도록 만든 이유에 대한 설명으로 내세울 것은 딱 한 가지밖에 없다. 내가 언제나 무의식에서 나 자신과 R 교수를 동일시할 준비가 되어 있었음에 틀림없다는 점이다.

그것은 곧 어릴 적부터 간직해온 소망 하나, 즉 훌륭한 인물이 되고 싶다는 소망이 실현되는 것을 의미하기 때문이다. 깨어 있는 상태라면 틀림없이 부인했을, 친구에 관한 혐오스런 생각들이 꿈속으로 들어갈 기회를 잡았지만, 낮의 근심은 마찬가지로 꿈 내용에서 대체물을 통해 표현의 길을 발견했다.

그 자체만을 놓고 볼 때엔 소망이 아니고 근심인 낮의 생각은 어떻게든 지금 무의식에 억압되어 있는 소망과 어떤 연결을 발견해야 했다. 연결만 확보되면, 억압된 소망이 낮의 사고의 영향으로 인해 의식을 위해 '일어나게' 된다. 근심의 강도가 클수록, 근심과 억압된 소망 사이에 생기는 연결도 더 강해질 것임에 틀림없다. 소망의 내용과 근심의 내용 사이에 어떠한 연결도 필요하지 않으며, 우리가 살핀 꿈들에서도 그런 연결이 전혀 보이지 않았다.

이제 우리는 무의식적 소망이 꿈에 지니는 의미를 정확히 설명할 수 있게 되었다. 자극이 주로, 아니 전적으로 일상생활의 잔재에서 비롯되는 꿈도 있다는 점을 인정한다. 그리고 미래 언젠가 '탁월한 교수'가 되겠다는 나의 숙원까지도 그날 밤 친구의 건강에 대한 근심이 작동하지 않았더라면 내가 아무런 방해를 받지 않고 잠을 편하게 자도록 가만 내버려 두었을 것이라고 나는 믿는다. 그러나 이 근심만으로 꿈을 생성해내지는 못했을 것이다. 꿈이 필요로 하는 원동력이 어떤 소망에서 나와야 했다. 꿈의 원동력으로 그런 소망을 확보하는 것이 그 근심의 임무였다.

비유적으로 말하면, 꿈에서 낮의 어떤 생각은 기업인의 역할을 맡는다고 볼 수 있다. 그러나 이 기업인이 아무리 훌륭한 아이디어를 갖고 있고 또 아이디어를 현실로 옮기고 싶은 마음이 간절하다 하더라도, 그 사람은 자본 없이는 아무것도 하지 못한다. 그가 필요한 비용을 지출하기 위해선 자본가의 도움이 꼭 필요하다. 꿈을 위해 정신적 비용을 제공하는 자본가는 두말할 필요도 없이 무의식에 있는 어떤 소망이다. 깨어 있을 때의 생각이 어떤 성격을 지녔든 상관없이 자본가는 무의식의 소망이 된다.

다른 경우를 보면 자본가 본인이 꿈을 위해 기업인의 역할까지 한다. 정말이지, 이런 경우가 더 흔한 것 같다. 무의식의 소망이 낮의 일에 의해 생성되고, 그러면 무의식의 소망은 꿈을 창조한다. 꿈 과정은 여기서 비유적인 예로 제시한 경제적 관계의 모든 가능성들과 비슷하게 전개된다.

한 예로, 기업인 자신도 자본 중 일부를 내놓을 수 있다. 아니면 기업인 몇 명이 같은 자본가의 도움을 추구할 수 있다. 또 아니면 몇 명의 자본가가 힘을 모아 기업인 한 사람에게 필요한 자본을 댈 수도 있다.

그렇듯, 한 가지 이상의 소망이 엮어내는 꿈도 있다. 또 우리의 관심을 전혀 끌지 못하거나 쉽게 간과되는 꿈도 있다. 꿈속의 소망과 관련한 논의에서 마무리 짓지 못한 부분은 뒤에서 다시 논하게 될 것이다.

앞에 제시한 비교의 '제3의 비교 기준'(tertium comparationis: 비교의 대상들이 공통적으로 갖는 성질/옮긴이), 즉 우리 마음대로 쓸 수 있도록 할당된 금액이 꿈 구조를 설명하는 예로 더 적절하다. 대부분의 꿈을 보면 강도(强度)가 특별히 강한 중심점이 파악된다. 이것이 보통 소망 성취를 직접적으로 표현하고 있는 부분이다. 왜냐하면 우리가 분석 과정을 밟으며 꿈 작업의 치환을 본래 상태로 되돌려놓을 경우에, 꿈 사고를 이루는 요소들의 정신적 강도가 꿈 내용을 이루는 요소들의 지각 가능한 강도로 대체되는 것이 확인되기 때문이다.

소망 성취와 결부되어 있는 요소들은 종종 소망 성취의 의미와 아무런 관계가 없으며 소망과 반대인 고통스런 사고들의 '후손'인 것으로 드러난다. 그러나 이 요소들은 핵심적인 요소와 연결을 강제적으로 자주 갖다 보니 스스로 겉으로 표현할 수 있을 만큼 정신적 강도를 얻기에 이르렀다. 이리하여 소망 성취를 표현할 힘이 연상(聯想)의 일정 영역 전반에 걸쳐 퍼지게 된다. 그러면 이 힘이 본래부터 무력한 요소들을 포함해 이 영역 안에 있던 모든 요소들이 표현되도록 만든다. 강력한 소망을 몇 가지 담고 있는 꿈 안에서도 개별 소망이 성취되고 있는 영역을 구분할 수 있으며, 꿈에 보이는 간극들이 경계(境界) 지대로 풀이될 때가 종종 있다.

앞의 설명이 낮의 잔재가 꿈의 형성에 미치는 영향을 상당히 제한적인 것으로 보았음에도 불구하고, 낮의 잔재에 어느 정도 관심을 기울이는 것은 충분히 가치 있는 일이다. 이유는 낮의 잔재가 꿈의 형성에 꼭 필요한 요소이기 때문이다. 모든 꿈 내용을 보면 최근에 경험한 어떤 인상과의 연결이 드러난다. 이 최근의 경험도 매우 하찮은 것일 때가 종종 있다. 놀라운 사실이 아닐 수 없다.

지금까지는 꿈의 형성을 연구하면서 낮의 잔재를 고려할 필요성을 제대로 강조하지 않았다. 무의식적 소망이 꿈의 생성에서 맡는 역할을 면밀히 추적하면서 신경증의 심리학에서 정보를 수집하려고 노력할 때에만 그럴 필요성이 부각된다. 그런 식으로 접근하면, 이런 사실이 확인된다. 무의식적인 생각의 경우에 그 자체만으로는 전의식으로 들어갈 수 없으며, 무의식적인 생각은 이미 전의식에 속한 무해한 어떤 생각과 결합할 때에만 전의식에서 영향력을 행사할 수 있게 된다.

이 무의식적 생각은 이미 전의식에 있던 무해한 생각에 자체의 정신적 강도를 전달함과 동시에 전의식의 생각 밑으로 숨어든다. 신경증 환자들의 정신생활에 놀라운 일들이 그렇게 많이 일어나는 현상에 대한 설명으로 이 같은 전이(轉移)가 적절하다. 이런 식으로 강도가 더욱 강화된 전의식의 생각은 이 전이에도 변화하지 않은 채 그대로 남을 수 있다. 아니면 전의식의 생각은 무의식적 생각 때문에 약간의 변형을 겪지 않을 수 없을지도 모른다. 나는 독자 여러분이 일상생활에서 비유를 자주 끌어내는 나를 이해할 것으로 믿는다.

억압된 생각을 위해 존재하는 관계들은 오스트리아에 체재하고 있는 미국 치과의사를 빌려 설명하면 이해가 쉬워진다. 오스트리아에 거주하는 미국 치과의사는 오스트리아 의사로부터 병원 간판에 자신의 이름을 사용해도 좋다는 허락을 얻어 법적 조건을 충족시키지 못할 경우에 오스트리아에서 의료행위를 하지 못한다. 이 미국인 치과의사와 그런 결합을 하길 원하는 오스트리아 의사가 당연히 매우 바쁜 사람이 아닌 것처럼, 정신생활에서도 전의식에서 이미 작용하고 있는 관심을 많이 끌지 않을 전의식 혹은 의식의 생각들이 억압된 생각을 가리고 덮는 데 선택된다.

무의식은 전의식의 인상이나 생각 중에서 별로 중요하지 않아서 두드러지지 않거나 거부당해서 금방 관심권에서 밀려난 인상이나 생각과 연결되기를 더 좋아한다. 한쪽 방향으로만 밀접한 연결을 형성한 생각은 모든 새로운 연결에 대해 거의 부정적인 태도를 취한다는 것은 연상 연구나 우리의 경험을 통해 확인되는 사실이다. 한때 나는 이 원리를 바탕으로 히스테리성 마비에 관한 이론을 하나 정립하려고 노력했다.

우리가 신경증의 분석을 통해 배우게 된 억압된 생각들의 전이가 꿈에서도 똑같이 일어난다는 것을 기정사실로 받아들인다면, 우리는 꿈에 얽힌 수수께끼 2개를 한꺼번에 풀 수 있다. 모든 꿈을 분석하면 최근의 인상이 꿈에 등장하는 것으로 확인되는 사실과 이 최근의 인상이 정말로 하찮은 것이라는 사실에 대한 설명이 가능해지는 것이다. 여기에다가 이미 다른 곳에서 배운 내용까지 덧붙일 수 있다. 이를 테면, 최근에 있었던 중요하지 않은 요소들이 꿈 사고 중에서도 가장 깊이 숨어 있는 사고의 대체물로서 꿈 내용으로 들어오는 경우가 자주 있다는 점이다. 이런 현상이 나타나는 이유는 그런 요소들이야말로 검열관이 두려워할 것을 가장 적게 갖고 있기 때문이다.

하지만 검열관으로부터 어느 정도 자유로울 수 있다는 점은 그런 시시한 요소들을 선호하는 데 대한 설명만 될 뿐이다. 최근의 요소들이 어김없이 꿈에 나타난다는 것은 전이의 필요성이 있다는 사실을 보여준다.

두 가지 집단의 인상, 즉 하찮은 인상과 최근의 인상은 똑같이 연상으로부터 자유로운 자료라는, 억압에 필요한 조건을 충족시킨다. 하찮은 인상의 경우엔 광범위한 연상을 끌어낼 자극을 전혀 제공하지 못하기 때문이고, 최근 인상의 경우엔 그런 연상을 형성할 시간을 충분히 갖지 못했기 때문이다.

따라서 하찮은 인상들을 포함하는 낮의 잔재들은 꿈의 형성에 참여할 때 무의식으로부터 억압된 소망이 행사하는 원동력을 차용할 뿐만 아니라 무의식에게는 전이에 꼭 필요한 '부착력'을 제공하는 것이 확인된다. 여기서 정신 과정을 더 깊이 파고들려고 노력한다면, 먼저 전의식과 무의식 사이에서 벌어지는 감정들의 활동에 조명을 더 많이 비춰야 할 것이다. 정신신경증 환자를 대상으로 한 연구에 의해 그 필요성이 부각되고 있다. 이 측면에서 꿈은 아무런 도움이 되지 못한다.

낮의 잔재에 대해 한 가지만 더 이야기하고 넘어가고 싶다. 낮의 잔재들은 실제로 수면을 방해하는 훼방꾼이며, 이와 반대로 꿈은 잠을 지키려고 노력한다는 사실에 의문의 여지가 없다는 점이다. 이 문제는 뒤에 다시 살피게 될 것이다.

지금까지 꿈 소망에 대해 논했으며, 그 과정에 무의식의 영역까지 더듬고, 꿈 소망과 낮의 잔재들의 관계까지 분석했다. 여기서 말하는 낮의 잔재들은 소망일 수도 있고, 다른 종류의 감정일 수도 있으며 단순히 최근의 인상일 수도 있다. 그리하여 우리는 꿈의 생성에서 의식적인 사고활동도 중요성을 지닌다고 주장할 여지를 확보하게 되었다. 지금까지 제시된 일련의 사고에 의지할 경우에 극단적인 꿈의 예들까지 설명하는 것도 불가능하지 않다.

그런 극단적인 예를 하나 든다면 꿈이 낮에 벌인 작업의 연속으로서 어떤 행복한 결말을 맺는 경우가 있다. 그런 예들까지도 분석을 거치게 되면 유아기 소망이나 억압된 소망의 원천이 드러난다.

이 원천이 그런 연합을 통해 전의식의 활동에 힘을 실어준다.

그러나 우리는 다음과 같은 수수께끼의 해답에는 아직 한 걸음도 더 가까이 다가서지 못했다. 무의식이 오직 잠을 통해서만 소망 성취에 필요한 원동력을 공급할 수 있는 이유는 무엇인가? 이 물음에 대한 대답이 소망의 심리적 본질을 설명해줄 것이다. 정신 장치를 도형으로 그린 다음에 그것을 바탕으로 접근하면 대답을 얻을 수 있을지도 모른다.

정신 장치도 오랜 발달 과정을 거친 뒤에야 지금과 같은 모습을 얻게 되었을 것이라는 데엔 의문의 여지가 없다. 여기서 정신 장치의 작동을 묘사해보도록 하자.

다른 곳에서 확인될 여러 가지 가설들을 바탕으로 우리는 처음에는 정신 장치가 가능한 한 자극으로부터 자유로워지려고 노력했다는 것을 알 수 있다. 그러므로 처음 형성되었을 때에는 정신 장치도 반사작용의 장치와 같은 형태를 취했을 것이다. 그때만 해도 정신 장치는 밖에서 들어오는 모든 감각 자극을 즉각 운동로를 통해 배출할 수 있었다.

그러나 이 단순한 기능이 삶의 필요에 의해 교란되었다. 동시에 삶의 필요는 정신 장치가 더욱 발달하도록 하는 자극제의 역할도 했다. 이 삶의 필요는 처음에 엄청난 육체적 욕구의 형태로 정신 장치에 접근했다. 내면의 욕구에 의해 일어난 흥분은 운동성에서 배출구를 찾는다. 이 흥분은 '내면의 변화' 혹은 '감정 표현'으로 불릴 수 있다.

배가 고픈 아이는 마구 울거나 안절부절 못할 것이지만, 그래도 아이의 상황은 조금도 변하지 않는다. 내부 욕구에서 비롯된 흥분은 일시적 폭발이 아니라 꾸준히 작동하는 어떤 힘을 요구하기 때문이다. 그런 흥분의 경우엔 어떤 식으로든 만족감이 느껴져야만 변화가 일어날 수 있다. 배가 고파 우는 아이를 예로 들면, 내부의 흥분을 제거하기 위해선 반드시 외부 도움이 있어야 한다. 이 경험의 근본적인 한 요소는 특정한 어떤 지각(이 경우엔 음식)의 출현이다. 이후 이 특정한 지각의 기억 그림은 결핍에 따랐던 흥분의 기억 흔적과 연결을 갖게 된다.

이 연결이 확고해진 덕분에, 다음번에 이 결핍이 나타날 때엔 어떤 정신적 감정이 일어나게 되고, 이 감정은 예전에 있었던 지각의 기억 그림을 되살리게 된다. 말하자면, 정신적 감정이 처음 만족을 느끼던 때의 상황을 실제로 복구시키는 것이다. 그런 감정을 우리는 소망이라고 부른다. 이 지각을 재현하는 것이 곧 소망 성취이며, 결핍에 따른 흥분에 의한 지각을 완전히 재현하는 것이 소망 성취에 이르는 첩경이다.

정말로, 이 첩경을 따르는 정신 장치의 원시적 조건을, 말하자면 소망한 것이 환상으로 나타나는 조건을 가정할 수 있다. 그러므로 이 최초의 정신 활동은 지각과의 동일시를 목표로 삼고 있다고 할 수 있다. 즉 이 정신 활동은 욕구의 성취와 연결되어 있는 지각의 반복을 목표로 잡고 있다는 뜻이다.

현실의 험한 경험에 의해 변화를 겪으면서, 이 원시적인 정신활동이 목적에 더욱 부합하는 이차적인 활동으로 바뀌었음에 틀림없다. 정신 장치 안에 있는 짧은 퇴행의 길 위에다가 똑같은 지각을 확고히 세워 놓는다 하더라도, 정신활동 자체가 변화함에 따라 이젠 이 지각은 똑같은 자극에 예전처럼 반응하지 않을 것이다. 그러면 만족이 일어나지 못하고, 결핍이 계속될 것이다. 내부의 에너지 총합과 외부의 에너지 총합을 균등하게 만들기 위해, 내부의 에너지가 지속적으로 유지되어야 한다. 욕망의 대상에 집착하느라 정신 에너지를 다 소진하게 되는 환각성 정신병과 굶주림에 따른 정신착란에서 실제로 일어나고 있는 현상이 바로 그런 것이다.

정신적 힘을 적절하게 이용하려면, 정신적 힘이 완전히 퇴행하는 것을 저지할 필요가 있다. 정신적 힘이 기억의 이미지 밖으로까지 나가는 것을 막기 위해서이다. 이 저지(沮止)와 그에 따른, 흥분으로부터의 이탈이 자발적 운동성을 지배하는 두 번째 체계의 과제가 된다. 말하자면, 두 번째 체계의 활동을 통해서 지금 운동성의 소비가 이전에 미리 상기된 목표로 집중된다는 뜻이다. 그러나 기억 그림에서 시작해 외부 세계에서 들어온 지각이 정체성을 확립하기까지, 이 복잡한 정신 활동은 단지 소망 성취가 경험에 비춰가면서 택한 어떤 우회로를 표현하는 것에 지나지 않는다.

정말로, 사고는 환각적인 소망과 다를 바가 별로 없다. 꿈이 소망의 성취라 불리는 것은 그 자체로 자명해 보인다. 이유는 소망이 아닌 다른 어떤 것도 우리의 정신 장치가 작동하도록 만들지 못하기 때문이다. 소망을 성취하면서 짧은 퇴행의 경로를 따르는 꿈은 바로 그 같은 사실 때문에 부적절한 것으로 여겨져 버려지게 된 원시적인 형태의 정신 장치의 한 예로 치부되고 있다.

정신생활이 아직 젊고 서툴 때 깨어 있는 상태를 지배했던 것들은 지금 수면 상태로 추방된 것 같다. 마치 성숙한 인류가 버린 원시적인 무기인 활과 화살을 아이들의 교실에서 다시 보는 것처럼. 꿈은 아이의 버려진 정신생활의 한 조각이다.

깨어 있는 상태에서 대체로 억압될 이런 유형의 정신 작용은 정신병에서 스스로를 뚜렷이 내세운다. 그러다 이 정신 작용은 외부 세계에서 필요로 하는 것을 충족시키지 못하는 무능을 드러내게 된다.

무의식적 소망 감정은 낮에도 스스로를 드러내려고 노력하는 것이 확실하다. 전이의 사실과 정신병은 무의식적 소망 감정이 의식에 침투하여 전의식 체계를 관통하는 길을 이용해 운동성을 지배하려고 노력한다는 사실을 우리에게 가르쳐주고 있다. 따라서 우리가 우리의 정신 건강의 수호자로 인정하고 고마워해야 할 대상은 무의식과 전의식 사이에 자리 잡고 있는 검열관이다.

하지만 이 정신 건강의 수호자가 밤에 경계를 늦추면서 억눌려 있던 무의식의 감정들이 스스로를 표현하도록 내버려두고, 그리하여 환각적인 퇴행을 다시 한 번 가능하게 만드는 것이 그의 게으름 때문일까? 나는 그렇게 생각하지 않는다. 결정적으로 중요한 이 수호자가 휴식을 취할 때에도 운동성으로 이어지는 문을 닫으려고 신경을 많이 쓰기 때문이다. 또 우리는 이 수호자의 잠이 그리 깊지 않다는 증거를 갖고 있다.

수호자가 선잠에라도 들지 않는다면 그곳에 얼씬거리지도 못했을 무의식의 감정들이 그곳을 배회한다 하더라도 그것들을 억지로 막고 나설 필요까지는 없다. 그 감정들은 전혀 해를 끼치지 않는다. 그것들은 유일하게 외부 세계에 영향을 미치는 모터 장치를 절대로 돌리지 못하기 때문이다. 그러기에 수면 중에도 요새의 안전은 확실히 보장된다.

힘들의 이동이 밤에 검열관의 활동을 축소하는 방법이 아니라 병적으로 검열관을 약화시키거나 무의식적 자극을 강화하는 방향으로 이뤄진다면, 해(害)는 더욱 커진다. 전의식이 에너지로 충만하고 운동성에 닿는 길들이 열려 있을 때 그런 일이 벌어진다면 피해는 더욱 심각해진다. 그러면 수호자는 압도당하게 되고, 무의식적 자극이 전의식을 누르게 된다. 무의식적 자극들이 우리의 언어와 행동을 지배하거나 환각적인 퇴행을 강화하는 것은 바로 이런 방법을 통해서이다. 그런 식으로 무의식적 자극들은 자신들을 위해 설계되지 않은 장치를 좌지우지하게 된다. 이런 조건을 우리는 정신병이라고 부른다.

이제 우리는 두 가지 체계, 즉 무의식과 전의식의 도입으로 인해 잠시 방해를 받았던 심리학적 건축을 다시 완성할 수 있는 최선의 위치에 서 있다. 그러나 꿈의 유일한 정신적 원동력으로서 소망에 대해 더 깊이 생각해야 할 이유는 많다.

모든 꿈이 소망의 성취인 이유는 꿈이 무의식의 산물이기 때문이라는 점을 지금까지 설명했다. 무의식의 경우에 소망 성취 외엔 다른 어떤 것도 활동 목표로 삼지 않으며, 소망 감정 외에 달리 동원할 수 있는 힘을 전혀 갖고 있지 않다.

꿈 해석으로부터 그처럼 큰 심리학적 견해를 끌어낼 권리를 조금 더 누리길 원한다면, 우리는 그렇게 함으로써 다른 정신적 구조를 이루고 있는 어떤 관계 속으로 꿈을 끌어들이고 있다는 점을 보여 줄 수 있어야 한다. 만약에 무의식 체계가 존재하거나 혹은 우리가 논의하는 목적에 무의식과 비슷한 역할을 하는 무엇인가가 존재한다면, 꿈은 무의식을 표현하는 유일한 수단이 될 수 없다.

모든 꿈이 소망 성취일 수 있지만, 꿈의 형태가 아닌 비정상적인 형태의 소망 성취도 있음에 틀림없다. 정말로, 모든 정신신경증 증후들에 관한 이론은 이 증후들도 무의식적 소망 성취로 받아들여져야 한다는 주장을 내놓는다.

지금까지 제시한 설명을 통해 꿈은 정신과의사들에게 가장 중요한 집단의 첫 번째 구성원이 되었다. 꿈을 이해한다는 것은 곧 정신의 문제 중에서 순수하게 심리적인 부분을 해결한다는 것을 의미한다.

그러나 이 소망 성취 집단의 다른 구성원들, 즉 히스테리성 증후들은 우리가 지금까지 꿈에서 발견하지 못한 특징을 보여준다. 이 논문에서 자주 언급된 조사를 통해서 나는 히스테리성 증후의 형성이 정신생활의 두 가지 흐름을 결합시킨다는 것을 알게 되었다. 히스테리성 증후는 단순히 실현되지 않은 어떤 무의식적 소망이 표현된 것이 아니다. 거기엔 같은 증후에 의해 성취되는 전의식의 또 다른 소망이 결합되어 있다. 따라서 증후는 서로 충돌하는 체계에서 비롯된 2개 이상의 요소를 바탕으로 파악되어야 한다.

꿈에서처럼, 중층결정(over-determination: 관찰된 어떤 효과가 여러 원인들에 의해 결정되는 것을 말한다. 그런데 이 원인들 중 어느 하나로도 그런 효과를 충분히 설명할 수 있다/옮긴이)엔 한계가 없다. 내가 아는 한, 무의식에서 비롯되지 않은 결정은 필히 무의식적 소망에 대한 반발로 나온 사고의 흐름, 예를 들면 자기징벌 같은 것이다.

따라서 여기서 나는 대체로 히스테리성 증후는 오직 서로 다른 정신 체계에서 비롯된 2개의 대조적인 소망 성취가 하나의 표현으로 결합할 수 있는 곳에서만 시작된다고 말할 수 있다. 이 주장을 뒷받침할 예를 찾는 것은 부질없는 짓일지 모른다. 논의의 대상이 된 증후의 복잡한 상태를 완벽하게 파헤치는 노력만이 확신을 줄 수 있기 때문이다. 그래서 나는 주장을 제기하는 것으로 만족하면서, 독자 여러분에게 확신을 심어주기 위해서가 아니라 설명의 차원에서 예를 하나 들 생각이다.

히스테리성 구토 증세를 보이던 여자 환자가 있었다. 이 환자의 경우에 구토가 한편으로 사춘기 때부터 품어온 무의식적 공상의 실현으로 확인되었다. 그녀는 자신이 끊임없이 임신을 해서 아이를 여럿 둘 수 있다는 공상에 자주 빠졌다. 이 공상이 그녀가 가능한 한 많은 남자들의 아이를 낳을 수도 있다는 희망과 결합했다. 이런 무절제한 소망에 맞서 강력한 방어 충동이 발동했다.

그러나 구토가 환자의 몸매와 미모를 망쳐놓고, 따라서 그녀가 사람들의 눈에 좋게 비치지 않을 것이기 때문에, 구토 증상은 그녀의 징벌적인 사고 경향과 일치했다. 따라서 구토는 무의식과 의식 양쪽으로부터 똑같이 용인될 수 있었기 때문에 현실로 나타날 수 있었다.

파르티아의 여왕이 고대 로마의 집정관 크라수스(Crassus)에게 허용한 소망 성취가 바로 그런 성격이었다. 당시에 여왕은 크라수스가 원정에 나선 것이 황금에 대한 욕심 때문이라고 믿으면서 크라수스의 시신의 목에 녹인 금을 붓도록 명령했다. "그렇게나 갈망했던 것이니 실컷 갖도록 하게나."라면서.

아직 우리가 꿈에 대해 아는 것은 많지 않다. 꿈이 무의식의 소망 성취를 표현하고, 이 소망 성취의 표현도 전의식이 소망을 어느 정도 왜곡시킨 다음에야 허용된다는 정도에서 그치고 있다. 꿈에서 실현되는 소망과 상반되는 사고의 흐름까지 보여줄 수 있는 단계에는 아직 이르지 못했다. 다만 꿈에서 반동이 형성되는 흔적만 간혹 발견할 뿐이다. '삼촌 꿈'에서 친구 R에게 베풀던 친절처럼.

그러나 여기서 제외되고 있는, 전의식이 꿈의 생성에 기여하는 부분은 다른 곳에서 발견될 것이다. 지배적인 체계가 잠을 자고 싶은 욕구 때문에 철수한 동안에, 꿈은 무의식의 소망을 다각도로 왜곡한 모습으로 표현하고, 정신 장치에 필요한 에너지의 변화를 일으킴으로써 소망을 실현시키고, 최종적으로 잠을 자는 내내 그 소망을 간직할 것이다.

이처럼 잠을 자고자 하는 전의식 체계의 바람이 대체로 꿈의 생성을 용이하게 한다. 죽은 사람이 누워 있는 방에서 나오는 흐릿한 불빛을 보고 시신에 불이 붙었다고 결론을 내리던 그 아버지의 꿈을 한번 떠올려 보라. 그 아버지가 흐릿한 불빛에 잠을 깨지 않고 그런 결론을 내리도록 한 결정적인 정신적 힘의 하나가 꿈에 나타난 아이의 생명을 한 순간이라도 더 연장하고 싶은 욕망이라는 점을 우리는 보여주었다. 우리가 이 꿈을 분석할 수 없는 상황이기 때문에, 억압에서 비롯된 다른 소망들은 아마 우리에게 포착되지 않고 있을 것이다.

그러나 이 꿈의 두 번째 원동력으로 우리는 잠을 자고 싶어 하는 아버지의 욕망을 언급할 수 있다. 왜냐하면 아이의 생명과 마찬가지로 아버지의 수면도 그 꿈에 의해 한 순간이라도 더 연장되기 때문이다. 이 꿈의 바닥에 깔린 동기를 요약하면 이렇게 되지 않을까.

"꿈이여, 영원하라. 그렇지 않으면 내가 잠에서 깨어나야 할 테니." 이 꿈에서처럼 다른 모든 꿈에서도 잠을 자고 싶은 소망이 무의식적 소망에 응원을 보낸다.

우리는 소망을 실현시키는 '편의의 꿈'임에 분명한 꿈들에 대해 보고했다. 그러나 정확히 말하면, 모든 꿈이 이 이름으로 분류될 수 있다. 백일몽을 보면 잠을 계속 자고 싶은 소망의 효과가 어떤 식으로 나타나는지 가장 쉽게 확인된다. 백일몽에서 객관적인 감각 자극까지도 잠의 지속과 모순을 일으키지 않도록 변형되지 않던가. 백일몽은 감각 자극과 꿈을 뒤섞는다. 꿈으로부터 외부 세계에 대한 경고로 비칠 것을 박탈하기 위해서다.

그러나 잠을 계속 자고 싶은 소망은 또 내부로부터만 수면 상태를 방해할 수 있는 온갖 다른 꿈의 형성에도 관여해야만 한다. "자, 다시 자도록 해. 그건 꿈일 뿐이야." 꿈이 지나치게 멀리 나갈 때, 전의식이 의식에 대고 소곤대는 것도 대부분 이런 말이다. 이 말은 또 우리의 지배적인 정신 활동이 꿈을 대하는 태도를 대체적으로 묘사하는 것이기도 하다.

여기서 나는 이런 결론을 도출하지 않을 수 없다. 잠을 자는 내내 사람들은, 자신이 잠을 자고 있다는 사실을 확신하는 것만큼이나 강하게, 자신이 꿈을 꾸고 있다는 것을 확신하고 있다고. 우리는 이런 결론에 대한 반대 주장, 즉 의식은 우리가 꿈을 꾸고 있다는 것을 절대로 의식하지 못하며 의식이 우리가 잠을 자고 있다는 것을 알게 되는 것도 오직 검열관이 예기치 않게 놀라는 특별한 경우에만 가능하다는 주장을 무시해야 한다.

이런 반대 의견에 맞서, 우리는 자신이 잠을 자고 꿈을 꾸는 것을 완전히 의식하고 자신의 꿈 생활까지 직접 지휘하는 능력까지 갖춘 사람이 있다고 말할 수 있다. 그런 사람은 꿈이 밟는 코스가 마음에 들지 않을 때에는 잠에서 깨어나지 않고도 그 코스에서 벗어나며, 그런 다음에 다른 방향으로 다시 꿈을 꾸기 시작한다. 관객의 주문에 따라 연극을 해피엔딩으로 끝내는 대중 작가와 비슷하다고나 할까.

아니면 꿈속에서 성적으로 흥분 상태에 놓이면, 그 사람은 잠을 자면서도 이렇게 생각할 수 있다. "난 이 꿈을 계속 꾸다가 몽정을 해서 몸을 피곤하게 만들고 싶지 않아. 나는 실제 성행위를 위해 사정을 미뤄야겠어."

7장

꿈의 기능

전의식은 밤 동안에 잠을 자고 싶은 소망 때문에 활동을 중단한다. 이 같은 지식을 바탕으로, 이젠 꿈 과정을 지적으로 탐구할 수 있게 되었다. 먼저, 지금까지 확보한 꿈 과정에 관한 지식을 한번 점검해 보자.

깨어 있을 때의 활동이 잔재를 남기고, 이 잔재에서 에너지가 몽땅 소진되지 않는다는 점이 드러났다. 혹은 깨어 있을 때의 활동이 낮 동안에 무의식적 소망 하나를 살려낼 수 있다. 아니면 이 두 가지 조건이 동시에 일어날 수도 있다. 우리는 이미 꿈 과정에 일어날 수 있는 수많은 변형들을 발견했다.

무의식적 소망은 낮 동안이나 잠이 막 시작할 즈음에 이미 낮의 잔재로 옮겨가 거기에 전이 효과를 일으킨다. 이 과정을 거치면 어떤 소망이 최근의 자료로 전이되거나, 억압된 최근의 소망이 무의식에 의해 강화되면서 되살아난다.

이제 이 무의식적 소망은 전의식을 통하는 정상적인 정신 과정의 경로를 거쳐 의식에 닿으려고 애쓴다. 이 소망은 한 가지 구성요소를 통해 전의식에 속한다. 그러나 이 소망은 여전히 검문 활동을 벌이고 있는 검열관을 맞닥뜨리고는 그의 영향력에 굴복한다. 이제 소망은 최근 자료로의 전이에 의해 이미 닦여진 길을 따라 왜곡 과정을 거친다. 지금까지 소망은 과대망상이나 착각을 닮은 무엇인가가 되고 있는 중이다. 다시 말해, 전이에 의해 강화되고 검열관에 의해 왜곡된 어떤 사고로 다듬어지고 있다는 뜻이다.

그러나 전의식이 잠든 상태이기 때문에, 이 소망의 추가 전개가 저지되고 있다. 전의식 체계는 자체의 흥분을 줄임으로써 침공으로부터 스스로를 보호하는 것이 분명하다. 따라서 꿈 과정은 잠자는 상태의 특이성 때문에 이제 막 새롭게 열리게 된 퇴행의 길을 밟으며, 기억 집단의 끌어당기는 힘을 따르고 있다. 이때 기억 집단은 아직 다음 체계들의 조건으로 바뀌지 않은 채 부분적으로 시각적 에너지로서만 존재하고 있다.

꿈은 퇴행 도중에 극화(劇化)를 거친다. 압축에 대해선 뒤에 논의할 것이다. 이로써 꿈 과정은 거듭 방해를 받는 코스 중 두 번째 부분을 끝내게 된다.

첫 부분은 무의식적 장면들 혹은 공상들로부터 전의식으로 점진적으로 나아가는 한편, 두 번째 부분은 검열관에게 막히면서 다시 지각으로 끌려간다. 그러나 꿈 과정이 지각의 한 내용이 될 때, 꿈 과정은 검열관과 잠자는 상태에 의해 전의식에 세워진 장애들을 이미 피한 뒤이다. 그러면 꿈 과정은 주의를 끌며 의식이 알아차리게 하는 데 성공하게 된다.

이는 정신적 특성을 지각하는 감각 기관이기도 한 의식이 자극을 두 가지 원천에서 받기 때문에 가능한 일이다. 의식을 자극하는 원천으로는 먼저 전체 정신 장치의 말초기관, 즉 지각 체계가 있고, 두 번째로는 쾌락과 고통의 자극이 있다. 이 쾌락과 고통의 자극이 곧 정신 장치 안에서 에너지의 변형이 일어날 때 생기는 정신적 특성을 이룬다.

지각 체계 안에서 일어나는 다른 모든 과정들, 심지어 전의식에서 일어나는 과정들조차도 어떠한 정신적 특징도 갖추지 않고 있으며, 따라서 이 정신 과정들은 지각할 쾌락이나 통증을 제시하지 않는 한, 의식의 대상이 되지 않는다. 이 대목에서, 우리는 쾌락과 고통의 방출이 에너지의 점령 과정을 자동적으로 통제할 것이라고 단정해야 한다.

그러나 보다 섬세한 기능이 가능하도록 하기 위해서, 표상의 흐름을 고통의 표현과 더 많이 떼어놓을 필요가 있다는 것이 후에 확인되었다. 표상의 흐름과 고통의 표현을 따로 떼어놓으려면, 전의식 체계가 스스로 의식을 끌어당길 수 있는 몇 가지 특성을 가질 필요가 있었다. 전의식 체계는 전의식의 과정을 특성을 갖고 있는 언어 기호의 기억 체계와 연결시킴으로써 그런 특성을 받았을 가능성이 크다.

전의식 체계의 특성들을 통해, 지금까지 지각만을 위한 감각 기관이던 의식이 이제는 우리의 정신 과정들의 일부를 위한 감각 기관이 되었다. 이리하여 우리는 지금 두 가지 감각 표면을 갖게 되었다. 한 감각 표면은 지각에, 다른 한 감각 표면은 전의식의 정신 과정에 각각 관심을 주고 있다.

여기서 나는 전의식에 헌신하는 의식의 감각 표면이 수면에 의해 흥분하는 정도가 지각 체계에 헌신하는 감각 표면에 비해 덜하다고 가정해야 한다. 밤의 정신 과정에 대한 관심을 포기하는 것은 다분히 의도적이다. 밤엔 마음을 어지럽힐 것이 아무것도 없고, 전의식도 잠을 청하길 원한다. 그러나 꿈이 하나의 지각이 되는 순간, 꿈은 그 과정에 얻은 특성들을 통해 의식을 자극할 수 있게 된다.

감각 자극은 본래 하기로 되어 있던 일을 성취한다. 다시 말하면, 전의식이 마음대로 쓸 수 있던 에너지 중 일부를 주의력의 형태로 자극제로 돌린다는 뜻이다.

따라서 우리는 꿈이 필연적으로 우리를 깨우게 되어 있다는 점을 인정해야 한다. 말하자면, 꿈이 잠자고 있던 전의식의 힘 일부가 활동하도록 만드는 것이다. 이 힘이 우리가 연결과 명료성을 위한 '제2의 퇴고(推敲)'라고 부르는 그 능력을 꿈에게 부여한다. 이는 곧 꿈이 이 능력에 의해 지각의 다른 내용과 똑같이 취급된다는 것을 의미한다. 적어도 자료가 허용하는 범위 안에서, 꿈도 똑같은 기대 관념들의 지배를 받는다. 꿈의 이 세 번째 부분의 방향에 대해 말하자면, 그 움직임은 다시 전진적이라 할 수 있다.

오해를 피하기 위해 이 대목에서 이 꿈 과정들의 시간적 특성에 대해 약간 논하고 넘어가는 것이 적절할 것 같다. 루이 모리(Louis Maury)의 괴상한 단두대 꿈에서 비롯된 게 틀림없는 매우 흥미로운 한 토론에서, 에드몽 고블로(Edmond Goblot)는 꿈은 잠과 깨어 있는 상태 사이의 전환에 해당하는 시간만을 필요로 한다는 점을 보여주려고 노력했다. 잠에서 깨어나기까지 시간이 걸리는데, 그 동안에 꿈이 일어난다는 것이다. 꿈의 최종 그림이 너무나 강렬한 탓에 잠에서 깨어나게 된다고 생각하는 사람이 있지만, 사실은 그 장면이 일어날 때 꿈을 꾸는 사람이 이미 거의 깬 상태이기 때문에 강렬하게 느껴질 뿐이다라는 것이 고블로의 판단이다. 한마디로 요약하면 이렇다. "꿈은 막 시작한 잠깨기이다."

이와 관련해, 이미 뤼도빅 뒤가(Ludovic Dugas)는 고블로가 이 이론을 일반화하려면 많은 사실들을 부정하지 않을 수 없을 것이라고 주장했다. 더욱이 우리를 잠에서 깨우지 못하는 꿈도 있다. 우리 자신이 꿈을 꾸는 꿈이 그런 예에 속한다.

꿈 작업에 관한 지식을 바탕으로, 우리는 꿈이 잠에서 깨어나는 동안에만 펼쳐진다는 이론을 결코 인정할 수 없다. 반대로, 우리는 꿈 작업의 첫 부분이 우리가 여전히 전의식의 지배하에 있는 낮 동안에 시작될 가능성이 있다는 점을 고려해야 한다. 꿈 작업의 두 번째 단계, 즉 검열관을 통한 변형과 무의식적 장면들의 끌어당기는 힘, 지각으로의 침투는 밤 동안 지속되어야 한다. 밤새도록 꿈을 꾸는 것처럼 느껴진다고 말하는 게 더 정확하다. 우리가 꾼 꿈이 무엇인지 말할 수 없다 하더라도, 아마 그 말이 진실에 훨씬 더 가까울 것이다.

그러나 나는 의식이 될 때까지의 꿈 과정이 지금까지 묘사한 시간적 순서를 그대로 따른다고 말할 필요는 없다고 생각한다. 말하자면, 가장 먼저 꿈 소망의 전이가 일어나고, 검열관의 왜곡이 이어지고, 그 결과 퇴행 쪽으로 방향 전환이 이뤄지는 식으로 반드시 전개되지는 않는다는 뜻이다. 우리가 그런 식으로 순서를 정한 것은 묘사의 편의를 위한 것일 뿐이다. 실제로 보면 그것들은 거의 동시에 일어난다. 이 경로와 저 경로를 동시에 시도하고, 또 동시에 감정도 앞뒤로 동요한다. 그러다 마침내 목적에 가장 부합한 배열이 이뤄지면, 이 특별한 조합만 남는다.

나는 개인적 경험을 바탕으로 꿈 작업이 결실을 맺기까지 하룻밤 이상의 시간이 걸릴 때가 종종 있다고 믿는다. 만약 이게 사실이라면, 꿈의 구축에 나타나는 탁월한 기술은 그 경이로움의 상당 부분을 잃을 것이다. 나의 의견엔, 이해력을 지각의 발생으로 여기고 관심을 갖는 것도 꿈이 의식의 주의를 끌기 전에 시작되는 것 같다. 확실히, 이때부터 꿈 과정이 가속화된다. 이후로 꿈이 다른 지각과 똑같이 취급되기 때문이다. 꿈은 불꽃놀이와 비슷하다. 준비에 많은 시간이 걸리지만, 발화는 한 순간에 이뤄진다.

꿈 작업을 거치면서, 꿈은 의식의 눈길을 끌고 전의식을 깨울 수 있을 만큼 에너지의 강도를 얻는다. 이때 전의식은 수면의 시간이나 깊이로부터 꽤 독립되어 있다. 그만한 에너지의 강도를 얻지 못하면, 꿈은 강도가 충분하지 않은 탓에 잠을 깨기 직전에 작동을 시작하는 주의력을 만날 때까지 기다려야 한다.

대부분의 꿈들은 비교적 약한 정신적 강도로 작동하는 것 같다. 그렇게 보는 이유는 많은 꿈들이 잠에서 깰 때까지 기다리기 때문이다. 이것은 깊은 잠을 자다가 갑자기 깨어나는 순간 뭔가 꿈을 꾼 듯한 느낌을 받는 이유를 설명해준다. 자연스럽게 잠에서 깨어나는 순간만 아니라 갑자기 깨어나는 경우에도 가장 먼저 머리에 떠오르는 것은 꿈 작업이 창조해낸 지각의 내용이고, 그 다음에 떠오르는 것이 밖에서 들어온 지각의 내용이다.

그러나 이론적으로 이보다 훨씬 더 흥미로운 꿈들이 있다. 잠을 자는 동안에 우리를 깨울 수 있는 꿈들 말이다. 이 대목에서, 우리는 다른 곳에서 합목적성이 보편적으로 확인되고 있다는 점을 떠올리면서 꿈 또는 무의식적 소망이 잠, 즉 전의식의 소망 성취를 방해하는 힘을 갖는 이유를 물어야 한다. 이것은 아마 우리가 아직 전혀 이해하지 못하고 있는 에너지의 어떤 관계들 때문일 것이다.

이 에너지의 관계들만 알게 된다면, 아마 꿈에 자유를 부여하고 주의력을 어느 정도 주는 것은 곧 꿈에겐 에너지의 절약을 의미한다는 것이 확인될 것이다. 무의식을 밤에도 낮 동안과 똑같이 억제할 수 있어야 한다는 사실에 비춰본다면 이런 식의 분석이 가능해진다.

경험에 근거하면, 꿈이 같은 날 밤에 여러 번 잠을 방해해도 사람은 여전히 잠을 잘 수 있다. 한 순간 잠에서 깨어났다가도 금방 다시 잠을 잇는다. 잠을 자다가 파리를 쫓는 것이나 다를 바가 하나도 없다. 잠을 더 편하게 자기 위해 임시변통으로 잠깐 깨어난다고 할까. 다시 잠에 빠져들 때, 방해는 이미 제거된 뒤이다. 보모들의 수면에서 잘 드러나듯이, 어느 정도의 주의력을 정해진 방향으로 돌린 가운데서도 잠을 자려는 소망을 성취할 수 있다.

그러나 이 대목에서 무의식적 과정들에 대한 지식을 바탕으로 제기되는 반대에 귀를 기울일 필요가 있다. 우리는 무의식적 소망들이 언제나 작동하고 있다는 식으로 설명하는 한편, 이 소망들이 낮 동안에는 지각될 수 있을 만큼 충분히 강하지 못하다고 주장했다. 그러나 잠을 자는 가운데 무의식적 소망이 꿈을 생성시킬 힘을 발휘하고 그 꿈으로 전의식을 깨울 때, 그러니까 꿈이 지각된 뒤에 꿈을 형성하는 힘이 다 소진되는 이유는 무엇인가? 쫓겨나면서도 끊임없이 되돌아오는 데서 즐거움을 느끼는 귀찮은 똥파리처럼,

꿈이 지속적으로 다시 새롭게 나타나는 것이 더 그럴듯하지 않는가? 또 꿈이 수면을 방해할 요소를 제거한다는 우리의 주장을 뒷받침하는 것은 무엇인가?

무의식적 소망들이 언제나 활동 중이라는 말은 상당히 진실에 가깝다. 무의식적 소망들은 일정량의 흥분이 통과할 수 있는 경로가 되어 준다. 게다가, 무의식적 정신 과정의 두드러진 특성은 파괴 불가능하다는 점이다. 무의식 안에서 종말을 맞는 것은 절대로 없다. 중단되거나 망각되는 것도 없다. 신경증, 특히 히스테리를 연구하다 보면 이런 인상이 강하게 느껴진다.

발작을 통해 발산되는 무의식적 사고의 흐름은 흥분이 충분히 축적되기만 하면 다시 통과 가능한 경로가 된다. 30년 전에 당한 치욕도 무의식의 감정적 원천에 닿기만 하면 바로 어제 당한 일처럼 작동한다. 치욕의 기억이 건드려질 때마다, 치욕이 다시 생생하게 살아나면서 흥분을 일으키고, 흥분은 운동 발작을 통해 해소된다.

심리요법이 시작되는 지점이 바로 여기이다. 심리요법의 과제는 무의식적 과정을 위해 조정과 망각을 일으키는 것이다. 정말이지, 흔히들 시간 탓으로 돌리는 기억 감퇴와 감정 약화는 실제로 보면 힘든 노력을 거쳐야만 거둘 수 있는 이차적인 변화들이다. 이 임무를 성취하는 것은 전의식이며, 심리요법이 추구하는 유일한 길은 무의식을 전의식의 지배에 종속시키는 것이다.

따라서 개별 무의식적 감정 과정을 위한 출구는 2개 있다고 할 수 있다. 무의식적 감정 과정 자체가 하나의 출구가 되는 한편, 무의식을 전의식의 영향력에 종속시키는 것이 다른 한 출구이다. 전자의 경우에 무의식적 감정이 종국적으로 어딘가를 뚫고 나가며 흥분을 운동성으로 방출시킨다. 반면 후자의 경우엔 무의식적 감정이 전의식의 영향력에 굴복하고, 무의식적 감정의 흥분은 방출되지 않고 전의식의 영향력에 의해 억제된다. 꿈에서 일어나는 과정은 후자에 속한다.

무의식적 감정 과정은 의식적 흥분의 지시를 받는다. 이 같은 사실 때문에, 꿈이 지각으로 성장할 때 꿈을 직면하는 전의식의 에너지는 꿈의 무의식적 흥분을 제한하면서 꿈이 잠을 방해하는 요소가 되지 않도록 만든다. 따라서 잠을 자다가 꿈을 꾸면서 잠시 깨어난다 하더라도, 실은 그것은 잠을 방해하는 파리를 쫓은 것에 지나지 않는다.

이 대목에서, 잠을 자는 동안 내내 무의식을 억제하는 것보다, 무의식적 소망에게 권력을 완전히 부여하면서 꿈을 형성하도록 퇴행의 길을 열어주었다가 적은 양의 전의식의 노동을 통해 이 꿈을 제한하고 조정하는 것이 훨씬 더 편리하고 경제적이라는 점이 이해된다. 정말로, 꿈이 원래는 합목적적 과정이 아니었을지라도 정신생활 속에서 일어나는 힘들의 작용을 통해서 어떤 기능을 얻게 되었다고 보는 것이 타당하다.

지금 우리는 꿈이 얻게 된 이 기능이 무엇인지 알고 있다. 꿈은 해방된 무의식적 흥분을 다시 전의식의 지배 밑으로 끌어오기 위해 그런 기능을 갖게 되었다. 그리하여 꿈은 무의식의 흥분에도 안전할 수 있으며 전의식에게는 안전판의 역할을 맡는다. 동시에 꿈은 짧은 순간 잠에서 깨어나는 상태를 대가로 치르는 대신에 전의식의 수면을 보장한다.

꿈과 같은 집단에 속하는 다른 정신적 형성들처럼, 꿈도 전의식의 소망과 무의식의 소망이 서로 양립할 수 있는 한도 안에서 두 가지 소망을 동시에 성취시킴으로써 두 체계에 이바지하는 절충인 셈이다. W. 로베르트(Robert)의 '제거이론'(elimination theory)을 읽어 보면, 이 저자의 중요한 주장에 동의해야 한다는 사실을 알게 될 것이다. 꿈의 형성 과정에 대한 그의 가설에는 동의하지 못하지만, 꿈의 기능에 관한 그의 의견은 나의 의견과 일치한다.

두 가지 소망, 즉 무의식의 소망과 전의식의 소망이 서로 양립하는 한이라는 조건에는 꿈의 기능이 파괴될 수 있다는 암시가 담겨 있다. 꿈 과정은 먼저 무의식의 소망 성취로 허용되지만, 만약에 이 잠정적인 소망 성취가 전의식이 더 이상 휴식을 이어갈 수 없을 만큼 심하게 전의식을 방해하게 된다면, 꿈은 절충을 깰 것이고 따라서 임무의 두 번째 부분을 수행하지 못하게 된다. 그러면 즉시 꿈은 깨어지고 잠에서 완전히 깬 상태가 되어 버린다.

이런 일이 일어난다 하더라도, 그것이 꿈의 잘못은 아니다. 평소 잠의 보호자인 꿈이 여기서 잠을 깨우는 장본인처럼 보일지라도,

이 일 때문에 꿈의 효능에 의문을 품어서는 절대로 안 된다.

유기적인 조직체 안에서 일부 요소가 원래의 조건에 변화를 일으킨 결과, 그런 변화가 일어나지 않았더라면 효율적인 배열이 되었을 것이 갑자기 비효율적이고 교란하는 배열로 변해버리는 예는 많다. 꿈에서만 나타나는 현상이 아닌 것이다. 이 교란은 적어도 그런 변화를 야기한 새로운 목적에는 이바지하기 마련이다.

이 연결에서, 나는 자연스럽게 불안 꿈을 떠올리지 않을 수 없다. 소망 성취 이론에 반하는 것처럼 보이는 불안 꿈을 해석에서 배제하려는 것으로 비치지 않기 위해, 이 대목에서 불안 꿈에 대해 설명해야 한다.

불안을 일으키는 정신 과정도 소망의 성취일 수 있다는 주장이 모순으로 여겨지지 않게 된 것은 오래 전의 일이다. 이에 대한 설명으로 한 체계(무의식)에 속하는 소망은 다른 체계(전의식)에서 거부당하고 억압당한다는 사실을 제시할 수 있다.

전의식에 대한 무의식의 복종은 정신적 건강이 정상인 상태에서도 완벽하게 이뤄질 수 없다. 이 복종의 강도는 우리의 정신이 어느 정도 정상인지를 보여준다. 신경증 증후들은 두 가지 체계에 갈등이 있다는 점을 보여준다. 신경증 증후들은 이 갈등이 타협한 결과물이고, 따라서 일시적으로 갈등을 종식시킨다. 신경증 증후들은 한편으로 무의식이 흥분을 방출시킬 배출구를 제공하면서 무의식에겐 비상문의 역할을 하고, 다른 한편으론 전의식에게 무의식을 지배할 능력을 어느 정도 부여한다.

히스테리성 공포증이나 광장공포증 같은 것의 의미를 구체적으로 고려해보는 것도 유익할 것 같다. 혼자서 길을 건너지 못하는 신경증 환자가 있다고 가정해 보자. 혼자서 도로를 건너지 못하는 현상을 '증후'라 불러도 좋을 것이다.

그러면 우리는 그 사람이 스스로 할 수 없다고 생각하는 바로 그 행위를 하도록 촉구함으로써 이 증후를 제거하려고 노력한다. 그 결과, 불안 발작이 일어날 것이다. 거리에서 불안 발작을 겪는 것이 종종 광장공포증을 초래하는 원인이 되는 것처럼. 여기서 우리는 이 증후가 불안 발작을 피하기 위한 것이라는 사실을 알 수 있다. 전선(戰線)의 요새처럼, 공포증이 불안에 앞서 먼저 나서는 것이다.

만약에 감정이 이들 정신 과정에서 맡는 역할을 고려하지 않는다면, 물론 이 고려도 불완전할 수밖에 없긴 하지만, 우리는 논의를 계속하지 못한다. 그러므로 이런 제안부터 먼저 하고 싶다. 무의식을 억압하는 것이 절대적으로 필요한 이유가 표상의 방출을 표상 자체에 맡겨둘 경우에 그것이 무의식 안에 어떤 감정을 불러일으키기 때문이라는 가설을 받아들이도록 하자. 이 감정은 원래 쾌락의 성격을 띠었으나 억압된 이후로 고통의 성격을 띠게 되었다.

억압의 결과이자 목표는 이 고통의 발달을 중단시키는 것이다. 억압은 무의식에서 관념이 일어나는 과정 전반에 걸쳐서 이뤄진다. 이유는 관념이 일어나는 과정에 고통의 발산이 비롯될 수 있기 때문이다. 여기서 감정 발달의 본질에 관한 매우 명확한 어떤 가설을 제시할 토대가 마련된다. 감정 발달은 운동신경의 활동으로 여겨지며, 이 활동에 신경흥분을 전달하는 열쇠는 무의식의 표상 안에 있다.

전의식의 지배에 의해, 이 무의식의 표상들은 감정을 발달시킬 충동들의 출구에서 질식되고 금지된다. 따라서 전의식이 에너지를 점령하길 중단한다는 사실 때문에 일어날 수 있는 위험은 무의식적 흥분들이 이전의 억압 때문에 고통이나 불안으로만 지각될 수 있는 감정을 해방시킨다는 사실에 있다.

이 위험은 꿈 과정 전반에 걸쳐서 나타난다. 이 위험이 현실화되는 것은 억압이 일어나고 또 억압된 감정적 소망들이 충분히 강해질 수 있다는 사실 때문이다. 따라서 위험의 현실화를 결정하는 요소들은 전적으로 꿈 구조의 심리학적 영역 밖에 있다. 만약 우리의 주제가 단 한 가지 요인, 즉 잠을 자는 동안에 일어나는 무의식의 해방을 통해서 불안의 발달이라는 주제와 연결되지 않는다면, 나는 불안 꿈에 대해 논의하지 않고 그냥 넘어갈 수 있으며 따라서 불안 꿈과 관련있는 모든 모호함을 피할 수 있을 것이다.

종종 강조했듯이, 불안 이론도 신경증 심리학에 속한다. 나는 꿈 속의 불안에 대해 그것은 불안의 문제이지 꿈의 문제가 아니라고 말하곤 했다. 꿈속의 불안이 꿈 과정이라는 주제와 어떤 접점을 갖는다는 점을 보여주기만 하면, 불안 꿈과 관련해서는 더 이상 논할 것이 없다.

지금 내가 할 일은 딱 한 가지뿐이다. 신경증적 불안이 성적 원천에서 비롯된다는 점을 자주 강조했듯이, 여기서도 나는 불안 꿈의 꿈 사고에도 성적인 이야기가 들어 있다는 점을 보여주기 위해 그런 꿈들을 분석해 볼 생각이다.

몇 가지 합당한 이유로 나는 이 대목에서 신경증 환자들이 제시하는 무수한 예들을 인용하는 것을 자제하고 대신에 젊은이들로부터 들은 불안 꿈들을 예로 제시하고 싶다.

개인적으로 나는 몇 십 년 동안 진정한 의미에서 말하는 불안 꿈을 한 번도 꾸지 않았다. 그래서 나는 일곱 살인가 여덟 살 때 꾸었던 꿈을 하나 떠올리면서 30년도 더 지난 시점에서 그걸 해석해보려고 한다.

꿈은 아주 생생했다. 사랑하는 어머니가 꿈에 나타났다. 평온하게 잠든 모습이었다. 새의 부리를 가진 사람 둘(또는 셋)이 나의 어머니를 방으로 데려와서 침대에 눕히는 꿈이었다.

나는 울음을 터뜨리고 비명을 지르면서 잠에서 깨어나 부모님을 흔들어 깨웠다. 입이 새 부리 모양이고 전신에 천을 두른, 키가 장대같이 큰 사람들은 루트비히 필리프손(Ludwig Philippson)의 히브리어 성경에 나오는 그림을 그대로 끌어온 것이었다. 나는 그들이 이집트 무덤의 부조(浮彫)에 새겨진 새매 머리의 신들을 상징한다고 믿는다.

이 꿈의 분석은 또 집 앞 풀밭에서 우리와 함께 어울려 놀곤 했던, 어느 문지기의 장난꾸러기 아들에 대한 기억까지 끌어들였다. 이 아이의 이름이 필립(Philip)이라는 것도 덧붙여야겠다. 내가 성교를 의미하는 비속어를 처음 들었던 것이 바로 이 소년을 통해서였다는 생각이 난다. 그때 교양 있는 사람들 사이에선 이 비속어 대신 라틴어가 쓰였다. 그러나 새의 머리가 선택된 것으로 보아서 그 꿈은 성교를 암시하는 것이 분명했다. 그때 나는 세상 물정에 밝았던 나의 선생의 얼굴 표정을 통해서 그 단어에 성적 의미가 들어 있을 것이라고 의심했음에 틀림없다. 꿈에 나타난 어머니의 생김새는 할아버지가 죽음을 맞기 직전에 의식불명 상태에서 보였던 표정 그대로였다.

그러므로 이차적인 퇴고라는 측면에서 꿈을 해석하면 나의 어머니가 죽어가고 있다는 뜻임에 틀림없다. 무덤의 부조 또한 이 해석과 일치한다. 이런 불안 속에서 잠에서 깨어난 나는 부모님을 깨우고서야 겨우 진정할 수 있었다. 어머니의 얼굴을 마주하는 순간 나 자신이 갑자기 조용해졌던 것으로 기억한다. 마치 어머니가 죽지 않았다는 사실을 확인할 필요가 있었던 것처럼.

그러나 이런 이차적 해석은 심해진 불안의 영향 아래에서만 가능했다. 내가 놀란 것은 어머니가 죽어가고 있다는 꿈을 꾸었다는 사실 때문이 아니었다. 내가 이미 불안의 지배를 받는 상태이기에 그 꿈을 전의식의 퇴고(推敲)에서 그런 식으로 해석한 것이 나를 놀라게 만들었다. 그러나 이 불안의 지배는 억압 이론을 빌리면 명확하지 않은 어떤 성적 욕망까지 거슬러 올라간다. 이 성적 욕망이 시각적인 꿈 내용에서 만족스럽게 표현할 기회를 발견한 것이다.

1년 동안 심하게 병을 앓은 27세의 한 젊은이는 열한 살에서 열세 살 사이에 무시무시한 꿈을 자주 꾸었다. 그는 도끼를 든 남자가 자신을 뒤쫓고 있다고 생각했다. 그는 달아나기를 원했으나 온 몸이 얼어붙으면서 그 자리에서 꼼짝할 수 없었다. 이 꿈도 겉으로 보기엔 성적인 내용과 무관한, 매우 평범한 불안 꿈의 한 예로 받아들여질 수 있다.

분석에 들어가자마자, 꿈을 꾼 젊은이는 가장 먼저 자기 삼촌이 들려준 이야기부터 떠올렸다. 그런데 이 이야기는 시간적으로 보면 그가 밤에 험상궂은 사람으로부터 공격을 받은 꿈보다 뒤였다. 삼촌의 이야기가 그로 하여금 꿈을 꿀 당시에 이미 비슷한 에피소드를 들었을지 모른다고 믿게 만든 것이다.

도끼와 관련해서 떠올린 것은 그가 언젠가 나무를 패다가 도끼에 손을 다친 일이었다. 이 기억은 이어 그가 제대로 돌봐주지 않고 두들겨 패기만 했던 동생과의 관계를 떠올리도록 만들었다. 특히 자신의 구두로 동생의 머리를 피가 나도록 때린 일이 떠올랐다. 그런 일이 일어났을 때 그의 어머니가 한 말은 "언젠가 네가 동생을 죽일 것 같아서 무서워!"라는 것이었다.

그가 폭력에 대해 생각하고 있을 때에 불현듯 아홉 살 때의 기억이 떠올랐다. 그의 부모님이 집에 늦게 돌아와서 잠자리에 들었다. 그 사이에 그는 잠을 자는 척하고 있었다. 곧 그에게 낯선 소리가 들렸다. 헐떡거림과 신음이 들렸던 것이다. 그는 또한 부모가 침대 위에서 취하던 자세까지 볼 수 있었다.

그의 연상들을 종합할 때, 아버지와 어머니의 관계와 그 자신과 동생의 관계에 유사한 점이 확인되었다. 그는 부모 사이에 일어난 일을 '폭력과 레슬링'의 개념으로 파악했으며, 그리하여 아이들이 종종 그러는 것처럼 성교 행위의 사디스트적인 개념에 눈을 뜨게 되었다. 그가 어머니의 침대에서 종종 피를 발견한 사실도 그런 개념을 뒷받침했다.

어른들의 성교가 그것을 보는 아이들에게 이상하게 비치고 두려움을 불러일으킨다는 것은 일상의 경험을 통해 확인되는 하나의 사실이라고 나는 감히 말하고 싶다. 아이들의 지적 능력으로는 성적 흥분을 제대로 이해하지 못하고, 자기 부모가 개입된 탓에 성적 흥분이 아이들에게 받아들여지지 않는다는 사실을 바탕으로, 나는 이 두려움을 설명했다. 앞에 소개한 꿈을 꾼 젊은이에게 이 흥분은 공포로 바뀌었다. 그럼에도 아주 어릴 때엔 이성의 부모를 향한 성적 감정은 억압되지 않고 자유롭게 표현할 기회를 발견한다.

아이들에게 자주 나타나는, 환상을 동반하는 야경증(夜驚症)에 대해서도 나는 주저하지 않고 똑같은 설명을 제시한다. 여기서도 우리는 분명히 이해할 수 없는, 거부당한 성적 감정을 다루고 있다. 관심을 갖고 지켜보면 이런 성적 감정들은 아마 주기성을 보일 것이다. 이유는 성적 리비도의 고양이 자연스럽고 점진적인 발달 과정을 거칠 뿐만 아니라 감정적 인상을 통해 우연적으로 이뤄지기도 하기 때문이다.

나는 관찰을 통해 이런 설명을 뒷받침할 만한 자료를 아직 충분히 확보하지 못하고 있다. 반면, 소아과의사들에겐 정신적 측면과 육체적 측면에 걸쳐 일어나는 일련의 현상들을 두루 파악하는 데 필요한 관점이 부족한 것 같다. '의료 신화'라는 눈가리개로 눈을 가리고 있는 사람이 그런 환자들에 대한 이해를 쉽게 놓칠 수 있는 이유를 우스꽝스런 예를 통해 보여주기 위해, F. 드바케르(Debacker)가 1881년에 발표한 '야경증'에 관한 논문에서 읽은 어떤 환자에 관한 이야기를 들려주고 싶다.

건강이 좋지 않은 13세 소년이 불안을 호소하면서 꿈을 자주 꾸기 시작했다. 잠을 이루기가 무척 힘들었다. 일주일에 한 번꼴로 환상이 동반되는 불안 발작으로 수면이 방해를 받았다. 꿈들에 대한 기억은 매우 또렷했다. 예를 들면, 악마가 소년에게 "이젠 네 차례야! 네 차례란 말이야!"라고 외치고 나면 이어 유황 냄새가 나고 그의 살갗이 불에 타는 꿈이 있다. 이 꿈이 공포에 떨던 소년을 잠에서 깨웠다.

소년은 처음에는 소리를 지르지 못했다. 그러다 목소리가 돌아왔으며, 이어서 "아니에요, 난 아니에요. 난 아무 짓도 안 했어요."라거나 "제발, 그러지 마세요. 앞으로는 절대로 그런 짓을 안 하겠어요."라고 말했다. 어떤 때는 소년이 "알베르트는 그런 짓을 하지 않았어요."라고 말하기도 했다. 그 후로 소년은 옷을 벗지 않으려 들었다. 소년의 말에 따르면, 옷을 벗고 있을 때에만 불이 공격했다는 이유에서였다.

그의 가족이 건강을 위협할 만큼 악몽을 꾸는 소년을 시골로 보냈다. 거기서 1년 반을 지내면서 소년은 건강을 되찾았다. 그러나 소년은 열다섯 살의 나이에 이런 고백을 했다. "그때는 감히 털어놓을 수 없었어요. '거기'가 계속 따끔거리고 흥분되었어요. 급기야는 그것이 신경을 지나치게 자극해 기숙사 창문에서 뛰어내릴까도 생각했어요."

여기서 다음과 같은 것들을 의심해보는 것은 어렵지 않다. 첫째, 소년이 그 전에 몇 년 동안 자위를 했고, 그러면서도 그런 사실을 부정했을 것이며, 자신의 잘못('난 아무 짓도 안 했어요'라는 고백과 '알베르트는 그런 짓을 하지 않았어요'라는 부정)이 엄한 처벌을 부를 수 있다는 두려움에 떨었을 수 있다.

둘째, 사춘기의 성적 압박감 아래에서 생식기의 간질임을 통해 자위의 유혹이 일어났을 수 있다.

셋째, 그러던 것이 지금은 소년의 내면에서 억압하려는 노력이 일어나고 있다. 이제 소년은 리비도를 억누르면서 그것을 공포로

바꿔놓았을 것이다. 이 공포는 소년이 무서워하던 처벌의 형태를
취하게 되었다.

그러나 여기서 드바케르가 내린 결론을 인용하도록 하자. 그의
관찰은 다음과 같은 사항들을 보여준다.

1. 사춘기의 영향이 육체적으로 허약한 소년의 내면에 극도로 취약한
조건을 형성하고, 그런 조건이 매우 심한 뇌빈혈로 이어질 수 있다.
2. 뇌빈혈이 성격의 변화와 악마의 환상, 매우 폭력적인 밤 또는 낮
의 불안 상태를 초래한다.
3. 소년의 악마 공포증과 자책감의 뿌리는 어릴 때 받은 종교적 교
육의 영향으로까지 거슬러 올라간다.
4. 시골에 오래 거주하고, 육체적 운동을 하고, 사춘기가 지나면서
체력이 다시 돌아오게 된 결과, 모든 증후들이 사라졌다.
5. 소년의 뇌가 그런 조건에 처하게 된 데는 유전과 그의 아버지가
고질적으로 앓았던 매독의 탓도 있다.

드바케르는 이런 식으로 결론을 내리고 있다. "이런 특별한 상태
의 원인으로 국부적인 뇌빈혈을 꼽기 때문에, 우리는 이 관찰을 열
을 동반하지 않는 쇠약성 정신착란의 범주에 포함시켰다."

8장

일차 과정과 이차 과정
—억압

꿈 과정의 심리학에 보다 깊이 파고들려고 노력하면서, 나는 한 가지 어려운 과제를 안았다. 정말이지, 나의 묘사력이 감당하기 어려운 과제이다. 거의 동시적으로 일어나는 복잡하기 짝이 없는 일련의 사건들을 글로 고스란히 담아내는 것은, 또 그렇게 하면서 설명의 전 과정에 편견을 보이지 않는 것은 나의 능력을 상당히 벗어나는 일이다. 이제 나는 꿈 심리학에 대해 설명하면서 나의 견해들이 역사적으로 발달해 온 길을 그대로 따르지 않았다는 사실에 대해 사과해야 한다.

꿈이라는 개념에 대한 나의 관점은 신경증의 심리학에 관한 초기 연구를 통해 얻은 것이었다. 애초에 신경증의 심리학에 대해선 언급할 생각이 없었으나 현실적으로 다루지 않을 수 없는 상황이 되었다. 그러나 나는 반대 방향으로 나아가야 한다. 즉 꿈에서 시작해서 신경증의 심리학과 꿈의 심리학의 관계를 확고히 파악해 나가는 쪽을 택해야 한다. 나도 이 문제가 독자 여러분에게 야기할 불편을 잘 알고 있다. 하지만 나로서는 그런 불편을 피할 길을 전혀 모르고 있다.

이런 상황에 스스로 불만이 컸던지라, 나는 나 자신의 노력의 가치를 높여줄 것 같은 또 다른 관점에 대해 상세하게 설명할 수 있게 된 것을 참으로 기쁘게 생각한다. 1장의 도입부에서 밝혔듯이, 나는 처음에 나 자신이 권위자들 사이에 의견이 첨예하게 대립하는 주제를 마주하고 있다는 사실을 깨달았다.

꿈의 문제들을 면밀히 검토한 끝에, 그런 모순들 대부분을 포용할 수 있는 공간을 발견할 수 있었다. 그러나 공개된 관점들 중 2가지에는 이의를 제기하지 않을 수 없었다. 꿈은 아무런 의미가 없는 것이라는 의견과 꿈은 수면 과정에 지나지 않는다는 의견에는 결코 동의할 수 없었다. 이 2가지 관점을 제외한다면, 모든 모순적인 관점들이 이 복잡한 논의의 이곳 아니면 저곳에서 유익하게 받아들여졌다. 또 그 관점들이 진실한 무엇인가를 반영하고 있다는 사실을 보여줄 수 있었다.

꿈이 깨어 있을 때의 충동과 관심을 계속 이어간다는 관점은 꿈의 잠재적 사고의 발견을 통해 대체로 확인되었다. 꿈의 잠재적 사고들은 우리에게 중요해 보이거나 관심사항으로 보이는 것들에만 신경을 쓴다. 꿈은 시시한 일에는 절대로 신경을 쓰지 않는다. 그러나 우리는 이와 정반대의 관점에도 동의한다. 꿈은 특별히 중요하지 않은 낮의 잔재들을 모은다는 견해와, 꿈은 낮의 깨어 있는 활동으로부터 어느 정도 뒤로 물러난 다음에야 낮의 중요한 사건을 채택할 수 있다는 견해가 그런 예이다.

꿈 훼손을 통해 변형된 상태로 꿈 사고를 표현하는 꿈 내용에도 이 견해가 그대로 적용된다. 연상 메커니즘의 본질 때문에 꿈 과정은 깨어 있을 때의 정신 활동에 잡히지 않은, 최근 혹은 중요하지 않은 재료를 보다 쉽게 취한다고 우리는 말했다. 또 꿈 과정은 검열관을 통해서, 중요하지만 불쾌한 자료에서 중요하지 않은 자료로 정신적 강도를 옮긴다는 점도 밝혔다.

꿈의 '기억과잉'(hypermnesia: 과거의 기억이 예외적일 만큼 선명하게 떠오르는 현상을 말함/옮긴이)과 꿈이 유아기의 자료에 의존하는 현상이 우리 이론의 주요 버팀목이었다. 우리의 꿈 이론은 꿈의 형성에 반드시 필요한 원동력의 일부를 유아기의 소망으로 돌렸다. 우리는 잠을 자는 동안에 일어나는 외부 감각 자극의 중요성을 실험을 통해 보여주었다는 주장에 대해서도 의문을 품지 않는다. 그러나 우리는 꿈 소망과의 관계에서 이 자료(외부 감각 자극)를 깨어 있을 때의 활동에서 비롯된 생각의 잔재와 똑같은 위치에 놓았다.

꿈이 외부 감각 자극을 환상처럼 해석한다는 사실에 대해 반박할 필요는 전혀 없었다. 그러나 꿈이 그런 식으로 해석하는 동기를 놓고 권위자들 사이에 의견이 분분했는데, 바로 그 동기를 우리가 제시했다. 그것은 지각된 대상을 수면을 방해하지 않고 소망 성취에 이용될 수 있는 방향으로 해석하기 위한 것이다.

트럼벌 래드(Trumbull Ladd: 1842-1921)가 입증한 것으로 통하는 주장, 즉 수면을 취하는 중에 각자의 감각 기관에 일어나는 흥분 상태가 꿈의 특별한 원천이라는 주장은 인정할 수 없었다. 그럼에도, 이 흥분을 우리는 꿈의 뒤에서 퇴행의 길을 통해 기억들을 되살려내는 것으로 설명할 수 있다.

우리의 개념 중 일정 부분은 꿈의 설명에서 중요하게 여겨지는 내부 장기의 감각들에 빚을 지고 있다. 이 감각들, 이를테면 추락하거나 날거나 억제당하는 감각들은 꿈 작업이 꿈 사고의 표현에 쓸 재료로 이용될 준비가 늘 되어 있다.

꿈 과정은 신속하고 순간적이라는 주장은 의식이 이미 준비된 꿈 내용을 지각하는 데에도 그대로 통하는 것 같다. 꿈 과정 중에서 이보다 앞서는 부분들은 아마 구불구불하고 느린 코스를 밟을 것이다. 매우 짧은 순간에 너무나 풍부하게 펼쳐지는 꿈 내용의 수수께끼에 대해 우리는 꿈이 정신생활로부터 거의 완벽하게 형성된 구조들을 끌어내 이용하기 때문이라는 식으로 설명했다.

꿈이 기억에 의해 훼손되고 왜곡된다는 주장은 옳은 것으로 확인되었다. 하지만 그런 현상은 문제가 되지 않는다. 이유는 이것이 꿈 작업의 시작 단계에서부터 이뤄지는 훼손 작업 중에서 마지막 작업에 불과하기 때문이다.

정신생활이 밤에 잠을 자는지 아니면 낮 시간과 똑같이 모든 능력을 두루 이용할 수 있는지를 둘러싸고 전개되는 치열한 논쟁에서, 우리는 양쪽 주장 모두에 동의할 수 있었다. 물론 어느 쪽에도 완전히 동의할 수는 없었지만, 양쪽 모두 어느 정도 동의할 수 있는 내용을 담고 있었다.

꿈 사고야말로 대단히 복잡한 지적 활동임을 말해주는 증거를 발견했다. 정신 장치가 제공하는 수단 거의 모두가 동원된다. 이 꿈 사고가 낮에 시작된다는 점을 부정할 수 없다.

정신생활에도 수면 상태가 있다고 가정하는 것은 필수적이다. 한 예로, 부분 수면 이론까지 제시되고 있다. 그러나 수면 상태의 특징은 정신적 연결들이 끊어지는 것이 아니라 낮을 지배하던 정신 체계의 활동이 중단된다는 점이다. 이것 또한 이 정신 체계가 수면을 취하고 싶어 하는 데서 비롯되는 현상이다. 정신 체계가 외부 세계로부터 철수하는 것 또한 우리의 이론에 중요한 의미를 지닌다. 물론 이 철수가 유일한 요인은 아니지만, 그럼에도 이 철수는 퇴행이 꿈의 표현을 가능하게 하도록 도와준다.

우리가 표상의 흐름이 자발적으로 전개된다는 주장을 받아들이지 않는 데엔 논쟁의 여지가 없다. 그렇다고 해서 정신생활이 목적 없이 이뤄진다는 뜻은 아니다. 왜냐하면 바랐던 목적 표상이 포기된 뒤에야 바라지 않은 표상들이 지배력을 얻는 것이 확인되었기 때문이다.

꿈에서 느슨한 연상적 연결을 확인했을 뿐만 아니라, 지금까지 생각한 것보다 훨씬 더 넓은 영역이 연상적 연결의 영향 아래에 있었다. 그러나 이 연상적 연결은 단지 정확하고 의미 있는 다른 연결을 가리는 대체물에 지나지 않는 것으로 드러났다.

분명히, 우리도 꿈을 부조리한 것으로 보았다. 그러나 우리는 예들을 통해서 꿈이 부조리한 척 꾸미고 있을 뿐 실제로 보면 매우 똑똑하다는 사실을 배울 수 있었다. 우리는 지금까지 꿈으로 돌려졌던 기능들 중 어떤 것도 부정하지 않는다.

꿈은 안전판처럼 사람의 마음을 편안하게 만들고, 로베르트의 단언에 따르면, 온갖 종류의 유해한 자료들이 꿈속에서 표현됨으로써 무해하게 된다는 주장은 꿈속에서 이중의 소망 성취가 일어난다는 우리의 이론과 정확히 맞아떨어질 뿐만 아니라, 로베르트의 말을 그대로 옮기면, 그 같은 주장은 로베르트보다 우리에게 훨씬 더 잘 이해될 수 있다.

정신이 기능들을 맘껏 자유롭게 발휘한다는 점은 우리 이론의 경우에 전의식의 활동이 꿈을 간섭하지 않는 것에서 확인되고 있다. "꿈에서 정신생활의 태아 상태로 돌아간다"는 주장과 해블록 엘리스(Havelock Ellis: 1859-1939)가 관찰한, "거대한 감정들과 불안전한 생각들이 뒤엉킨 원시적인 세상"은 우리의 추론을 몇 가지 예고하는 전조처럼 보인다. 낮에 억압된 원시적인 유형의 작업이 꿈의 형성에 가담하고, 이브 들라주(Yves Delage)에서도 확인할 수 있듯이, 억압된 자료가 꿈의 원동력이 된다는 것이 그 추론들이다.

우리는 카를 알베르트 셰르너(Karl Albert Scherner)가 꿈 공상으로 돌린 역할과 심지어 그의 해석까지 전적으로 인정하지만, 그것들을 문제의 다른 부분으로 넘기지 않을 수 없었다. 꿈 사고의 형성에 가장 큰 역할을 맡는 것은 공상을 엮어내는 꿈이 아니고 무의식적 공상이다.

꿈 사고들의 원천을 찾는 데 필요한 단서는 셰르너가 제시했다. 이 점에서 우리는 셰르너에게 빚을 지고 있다. 그러나 그가 꿈 작업으로 돌리는 거의 모든 것은 무의식의 활동으로 돌려질 수 있다. 무의식은 낮 동안에도 작동하면서 꿈뿐만 아니라 신경증 증후에도 자극을 제공한다. 우리는 이런 활동과 꿈 작업을 분리해야 했다. 꿈 작업이 무의식의 활동과 확연히 다를 뿐만 아니라 훨씬 더 한정적이기 때문이다.

마지막으로, 우리는 꿈과 정신적 장애의 관계를 결코 포기하지 않았으며 반대로 새로운 증거에 입각하여 그 관계를 더욱 공고하게 만들었다.

우리 이론에서 나온 새로운 자료들과 기존의 자료들을 보다 높은 통일성이라는 차원에서 종합적으로 파악하면서, 우리는 권위자들이 제기한 아주 다양하고 모순적인 결론들까지도 우리의 구조에 들어맞는다는 사실을 발견한다. 그 결론들 중 일부는 배열만 달랐을 뿐이고, 전적으로 배척해야 할 결론은 극소수였다. 그러나 우리의 구조도 아직 미완의 상태에 있다. 왜냐하면 심리학이라는 어둠 속을 뚫고 나아가다 보면 당연히 맞닥뜨리게 되는 수많은 모호한 것들을 차치하더라도, 우리가 지금 새로운 모순에 당황하고 있는 것이 분명하기 때문이다.

우리는 꿈 사고들이 완벽하게 정상적인 정신 과정에서 비롯된다고 인정하는 한편, 꿈 사고들 중에서 완전히 비정상적인 정신 과정들을 다수 발견했다. 이 비정상적인 정신 과정은 꿈 내용으로도 이어진다. 따라서 꿈의 해석에서도 우리는 이런 비정상적인 과정들을 그대로 따랐다.

우리가 '꿈 작업'이라고 이름을 붙인 모든 것은 우리가 정확하다고 평가하고 인정하는 정신 과정과 너무나 동떨어져 보인다. 때문에 꿈은 저급한 정신 활동에 지나지 않는다는 권위자들의 가혹한 판단이 우리에게도 근거 있는 말처럼 들릴 수 있다.

오직 전진을 통해서만 계몽과 개선이 이뤄질 수 있다. 나는 꿈의 형성을 낳는 배열들 중 하나를 고를 것이다.

꿈이 일상생활에서 비롯된 다수의 사고들을, 말하자면 완벽하게 논리적으로 형성된 사고들을 대체한다는 것을 우리는 배웠다. 그러므로 이 사고들이 우리의 일상적인 정신생활에서 비롯되었다는 점을 의심해서는 안 된다. 우리가 자신의 정신작용에서 소중하게 여기는 특성들, 그리고 이 정신작용을 고차원의 복잡한 활동으로 만드는 특성들 모두가 꿈 사고들에도 그대로 되풀이된다. 그러나 이 정신 작업이 잠을 자는 동안에 수행된다고 가정할 필요는 전혀 없다. 이 가정이 지금까지 우리가 고수해온 정신생활의 수면 상태라는 개념을 실질적으로 훼손하기 때문이다.

꿈 사고들은 낮에 비롯된다고 해도 무방하며 시작 단계에는 의식에 잡히지 않는다. 이 사고들은 발달을 계속하다가 막 잠을 들려는 순간에 완전한 형태를 갖출지도 모른다. 만약 이런 상황에서도 어떤 결론을 내려야 한다면, 복잡하기 그지없는 정신 과정도 의식의 협력 없이 가능하다는 정도에서 그칠 것이다. 이 정도라면, 우리가 이미 히스테리나 강박관념에 시달리는 사람들을 대상으로 한 분석을 통해 배운 내용이다.

이 꿈 사고들이 본래부터 의식될 수 없었던 것은 아닌 게 확실하다. 이 사고들이 낮 동안에 우리에게 의식되지 않게 되었다면, 거기엔 틀림없이 다양한 이유가 있을 것이다.

의식적인 상태가 되는 것은 특별한 어떤 정신 기능, 즉 주의력의 작동에 좌우된다. 이 주의력은 오직 정해진 양 안에서만 확산되는 것 같으며, 다른 표적에 맞추기 위해 현재 문제가 된 사고의 흐름에서 눈길을 거둘 수 있다.

이런 정신적 흐름이 의식에 닿지 못하도록 막는 또 다른 방법은 다음과 같다. 의식적으로 깊이 생각해 보면, 주의력이 발휘될 때 사람들은 분명한 코스를 추구한다. 그러나 만약 그 코스가 비판을 부를 어떤 생각으로 안내한다면, 우리는 그 코스를 그만두고 더 이상 주의력을 쏟지 않을 것이다.

이런 식으로 시작했다가 포기하게 된 사고의 흐름은 주의력을 강제로 끌어올 정도로 강도가 특히 센 어떤 지점에 닿지 못할 경우에 주의력을 다시 얻지 못하고 그저 방향 없이 이리저리 떠돌 것이다. 따라서 정신적 행위의 실제 목표에 적합하지 않거나 옳지 않다는 판단에 따라 의식적으로 이뤄지는 첫 거절은, 어떤 정신 과정이 잠이 시작될 때까지 의식에 떠지 않은 채 계속 이어지는 사실에 대한 설명이 되기도 한다.

우리는 이런 사고의 흐름을 전의식의 흐름이라고 부른다. 그렇게 보는 것이 전적으로 옳다. 이 사고의 흐름은 더 많이 무시당한 것이거나, 방해받아서 억압된 것일 수도 있다.

여기서 이 표상의 흐름이 어떤 식으로 진행되는지 보도록 하자. 우리가 '점령 에너지'라고 부르는 일정 양의 흥분이 어떤 목적 표상에서 나와서 이 목적 표상이 선택한 연상(聯想)의 경로들을 따라 옮겨진다. 이때 '무시당한' 사고의 흐름은 점령 에너지를 전혀 받지 못한다. 그리고 '억압당하거나 거부당한' 사고의 흐름으로부터는 이 점령 에너지가 철수한다. 따라서 이 두 가지 사고의 흐름은 순전히 자체 감정에만 맡겨지게 된다.

에너지로 충만한, 목적을 가진 사고의 흐름은 의식의 주의를 끌

수 있는 그런 조건에 있으며, 이 사고의 흐름은 의식의 주의를 통해서 "잉여 에너지"를 받는다. 의식의 본질과 활동에 대한 우리의 가설에 대해선 뒤에서 설명할 것이다.

전의식에서 이런 식으로 일어나는 생각의 기차는 저절로 사라지거나 계속 달릴 것이다. 이 생각의 기차가 사라지는 결과에 대해, 우리는 이런 식으로 이해하고 있다. 이 생각의 기차가 거기서 나온 모든 연상의 경로들을 통과하면서 에너지를 발산하여 생각의 사슬 전부를 흥분 상태로 만든다. 이 흥분 상태는 잠시 지속되다가 방출을 꾀하는 흥분이 휴지(休止) 상태의 에너지로 변형되면 잦아든다. 이런 식으로 첫 번째 결과가 나타나면, 이 생각의 기차는 꿈의 형성에 더 이상 의미를 지니지 못한다.

그러나 우리의 전의식에 다른 목적 표상들이 숨어 있다. 이 목적 표상들은 무의식의 원천들과 영원히 작동하고 있는 소망들에서 비롯된 것들이다. 이 표상들은 무력하게 남게 된 사고에 담겨 있던 흥분을 차지할 수도 있고, 이 사고와 무의식적 소망을 서로 연결시키고, 무의식적 소망에 있는 에너지를 이 사고로 옮길 수 있다. 이 강화로 인해 이 생각의 기차가 의식에 접근하게 되는 것은 아니지만, 이제부터는 무시당하거나 억압당한 생각의 기차가 스스로를 지켜나갈 수 있는 위치에 선다. 말하자면, 지금까지 전의식이었던 생각의 기차가 무의식 속으로 끌려 들어갔다고 할 수 있다.

만약 전의식의 생각의 기차가 처음부터 무의식의 소망과 연결되어 있었고, 그런 이유로 전의식의 생각의 기차가 지배적인 에너지 점령에 의해 거부당했다면, 혹은 만약에 어떤 무의식적 소망이 다른 이유로, 아마 육체적인 이유로 활성화되어 전의식에 점령당하지 않은 정신적 잔재로 자발적으로 전이하려 든다면, 꿈 형성을 위한 배열이 다른 식으로 전개될 것이다.

이 3가지 예들은 최종적으로 모두 하나의 방출로 이어질 것이다. 그러면 전의식에 사고의 흐름이 하나 확고히 자리 잡게 되는데, 이 사고의 흐름은 전의식의 점령으로부터 버림을 받았기 때문에 무의식적 소망의 점령을 받는다. 지금부터 이 사고의 흐름은 일련의 변형을 거치게 된다. 이 변형을 우리는 더 이상 정상적인 정신 작용으로 보지 않는다. 이 변형은 놀라운 결과를, 말하자면 병적인 형성을 낳는다. 이 과정을 보도록 하자.

1. 개별 관념들의 강도(强度)는 한꺼번에 몽땅 방출될 수 있게 되며, 이 강도는 이 개념에서 저 개념으로 옮겨가면서 뚜렷한 강도를 지닌 단독 표상을 형성할 수 있다. 이 과정의 반복을 통해, 관념들의 기차 전체의 강도가 최종적으로 단 하나의 표상 요소로 모아질 수 있다. 이것이 압축 혹은 응축의 원리이다. 꿈이 주는 이상한 인상은 주로 이 응축 때문이다. 의식이 접근할 수 있는 정상적인 정신 생활에서 꿈의 인상과 비슷한 것을 전혀 볼 수 없는 까닭에 이상하게 보인다.

여기서 우리는 또 사고의 전체 사슬의 교차점 또는 최종 결과로서 대단한 정신적 의미를 지니는 표상들을 발견한다. 그러나 이 표상들의 타당성은 어떤 면에서도 내부 지각에 잡힐 만큼 분명하게 드러나지 않는다. 따라서 이 지각 안에 나타난 것은 어떤 식으로든 강도가 더 세지지 않는다.

압축 과정에, 정신의 전체 연결은 표상 내용의 강도로 바뀐다. 책으로 치면 텍스트를 쉽게 이해하도록 돕기 위해 특별히 강조하고 싶은 단어를 진한 글씨로 쓰거나 글자 사이에 공간을 더 많이 두는 것과 비슷하다. 연설이라면 특정 단어를 더 강하게 혹은 더 느리게 발음함으로써 강조를 하게 된다. 첫 번째 비교는 당장 "꿈 작업"에 관한 장에서 끌어낸 예(이르마의 주사(프로이트가 1895년 7월 23일 밤에 꾼 꿈에 붙인 이름으로, 프로이트가 처음으로 분석을 시도한 꿈이다/옮긴이)에 나오는 트라이메틸아민)를 떠올리게 한다.

미술 사학자들은 가장 오래된 고대 조각들이 인물들의 서열을 표현할 때 이와 비슷한 원리를 따른다는 사실에 유의할 것을 요구한다. 조각의 크기로 인물의 서열을 표현한 것이다. 왕은 수행원이나 패배한 적군보다 두세 배 더 크게 제작된다.

그러나 고대 로마 시대의 예술 작품 하나는 이보다 훨씬 더 세련된 방법으로 똑같은 목적을 달성하고 있다. 황제의 상을 위풍당당하게 똑바로 선 자세로 한가운데에 배치하고, 황제의 모습을 세련되게 다듬는 데 특별히 신경을 쏟았다. 반면 적들은 황제의 발밑에 한

껏 움츠린 모습으로 그려진다.

그러나 황제는 더 이상 난장이들 속의 거인으로 표현되지 않는다. 우리 시대에 하급자가 상급자에게 허리를 굽히는 것도 이 같은 고대의 표현 원리를 반영하고 있다.

꿈의 압축이 취할 방향은 한편으로는 전의식에 있는 꿈 사고들의 진정한 관계에 의해, 다른 한편으로는 무의식 속에 있는 시각적 기억의 당기는 힘에 의해 정해진다. 압축 작업이 성공하면, 지각 체계를 뚫고 들어가는 데 필요한 강도가 생기게 된다.

2. 이처럼 강도를 자유롭게 양도할 수 있는 가능성을 통해, 중재 표상들, 말하자면 절충이 압축에 도움이 되는 방향으로 만들어진다. 이것도 마찬가지로 정상적인 표현 과정에서 들어보지 못한 것이다. 정상적인 표현 과정에선 무엇보다 '적절한' 표상 요소를 선택하고 보유하는 것이 중요한 문제이다. 반면에 우리가 전의식의 사고들을 언어로 표현하려고 노력할 때엔 합성적이거나 절충적인 형성들이 매우 빈번하게 일어나는데, 이런 것들이 '실언(失言)'으로 여겨진다.

3. 강도(强度)를 서로에게 전이하는 표상들은 서로 매우 느슨하게 연결되어 있으며, 또 이런 표상들은, 진지한 사고에서는 무시당하고 오직 재치의 효과만을 노릴 때 이용되는 그런 형태의 연상으로 서로 결합되어 있다. 이 연상들 가운데 특히 동음이의어(同音異義語) 연상이 많이 발견된다.

4. 모순된 사고들도 서로를 없애려 들지 않고 나란히 공존한다. 이 사고들은 종종 마치 모순이 전혀 없는 것처럼 서로 결합하면서 압축된다. 혹은 이 사고들은 절충을 만들어내는데, 이 절충을 우리는 생각으로는 도저히 용납하지 못하지만 행동으로는 종종 용인한다.

이런 것들이 이전에 합리적으로 형성되었던 사고들이 꿈 작업이 일어나는 동안에 거치게 되는 비정상적인 과정들 중에서 가장 두드러진 예들이다. 이 과정들의 중요한 특징은 점령 에너지를 이동 가능하고 방전 가능한 것으로 만든다는 점이며, 이 같은 사실이 아주 중요하다. 이 에너지들이 달라붙는 정신적 요소들의 내용과 실제 의미가 이차적 중요성을 지니게 되기 때문이다.

그렇다면 압축과 절충의 형성은 사고를 그림으로 바꾸는 일이 벌어지는 퇴행을 위해서만 이뤄진다고 볼 수 있다. 그러나 그림들 쪽으로 퇴행하는 과정이 일어나지 않는 꿈들을 분석하거나 통합해보면, 예를 들어 '아우토디다스커(Autodidasker)- N 교수와의 대화'라는 꿈을 보면 거기서도 다른 꿈들과 똑같은 전치와 압축의 과정이 확인된다.

따라서 우리는 근본적으로 서로 다른 두 종류의 정신 과정이 꿈의 형성에 가담한다는 점을 인정하지 않을 수 없다. 한 과정은 정상적인 생각이나 다름없는 꿈 사고들을 완벽하게 다듬어내는 반면에, 다른 한 과정은 이 사고들을 매우 놀랍고 부정확한 방법으로 다룬다. 후자의 정신 과정이 바로 우리가 고유의 꿈 작업이라고 부르는 것이다. 그렇다면 이 후자의 정신 과정에 대해 지금 우리가 제시할 수 있는 것은 무엇인가?

만약에 우리가 신경증, 특히 히스테리의 심리학을 꽤 깊이 파고들지 않았다면, 이 질문에 대한 대답은 불가능할 것이다. 신경증의 심리학을 통해서, 우리는 여기에 구체적으로 열거하지 않은 다른 정신 과정들뿐만 아니라 여기 말한 것과 똑같은 부정확한 정신 과정들도 마찬가지로 히스테리성 증후들의 형성을 지배한다는 것을 배웠다.

꿈 작업의 특성과 정신신경증 증후를 형성하는 정신 작용의 특성이 동일하다는 점을 고려한다면, 히스테리 연구를 통해 얻은 결론을 꿈에 적용시켜도 무방하다는 느낌이 든다.

히스테리 이론으로부터, 우리는 정상적인 어떤 생각의 기차가 비정상적인 정신적 퇴고(推敲)를 거치는 것은 오직 이 정상적인 생각의 기차가 유아기의 삶에서 비롯되어 현재 억압되어 있는 어떤 무의식적 소망의 전이에 이용될 때에만 일어난다는 주장을 차용할 수 있다. 이 주장을 근거로, 우리는 꿈 소망은 반드시 무의식에서 비롯된다는 가설 위에서 꿈의 이론을 설명했다.

이미 인정했듯이, 이 가설은 부정할 수 없는 것이긴 하지만 그렇다고 보편적으로 증명될 수 있는 것도 아니다. 그러나 지금까지 아주 자유롭게 사용해온 '억압'이란 단어의 진정한 의미를 설명하기 위해 심리학적 건축물에 무엇인가를 더 보태야 한다.

앞에서 우리는 원시적인 정신 장치를 상상하며 그것을 자세히 묘사했다. 원시적인 정신 장치의 활동은 흥분의 축적을 피하고, 정신 장치를 가능한 한 흥분으로부터 자유롭도록 지키려는 노력에 의해 조절된다. 이런 이유 때문에 원시적인 정신 장치는 반사 신경의 설계에 따라 구축되었으며, 원래 내부의 육체적 변화를 위한 경로였던 운동성이 하나의 방출 경로를 형성했다.

이어서 우리는 만족 감정의 정신적 결과를 논했으며, 그와 동시에 두 번째 가설, 즉 흥분의 축적이 고통으로 지각되면서 원시적인 정신 장치를 작동시킨다는 가설을 소개했다. 이때 원시적인 정신 장치가 작동을 시작하는 이유는 흥분의 감소가 쾌락으로 인식되는 그런 만족 감정을 다시 일으키기 위해서이다.

정신 장치 안에서 일어나는 이런 흐름, 즉 고통을 피하고 쾌락을 추구하려는 경향을 우리는 소망이라고 부른다. 소망만이 정신 장치를 작동시킬 수 있으며, 정신 장치 안에서 일어나는 흥분의 방출은 쾌락과 고통의 지각에 의해 자동적으로 조절된다.

최초의 소망은 만족을 느끼기 위해 환각 형식으로 기억을 점령하는 것이었음에 틀림없다. 그러나 환각은 끝까지 지속되지 않을 경우에 욕망을 종식시키지 못하고, 따라서 만족과 연결된 쾌락을 확보하지 못하는 것으로 드러났다.

그리하여 두 번째 작용이 필요했다. 우리의 용어를 빌리면, 두 번째 체계의 작용이 필요했다. 이 작용은 기억 점령이 지각까지 나아가서 거기서 정신적 힘들을 제한하도록 허용해서는 안 되며, 그 대신에 열망하는 자극에서 나오는 흥분을 우회 경로를 통해 자발적 운동성의 길로 이끌어야 한다. 이 자발적 운동성은 최종적으로 만족의 대상을 실질적으로 지각할 수 있는 방향으로 외부 세계를 변화시켜야 한다.

지금까지 정신 장치의 설계를 자세히 살피려고 노력했다. 이 두 가지 체계가 바로 우리가 완전히 발달한 정신 장치 안에 포함시키고 있는 무의식과 전의식의 씨앗이다.

정신 장치가 운동성을 통해 외부 세계를 성공적으로 변화시킬 수 있는 위치에 서려면, 기억 체계에도 엄청나게 많은 경험이 축적되어야 한다. 또 기억 자료 안에도 다양한 목적 표상들에 의해 일깨워질 관계들이 복합적으로 확립되어 있어야 한다.

이제 우리의 가설을 더욱 깊이 파고들 생각이다. 일시적으로 에너지를 내보내고 철수하는 두 번째 체계의 다양한 활동은 한편으로는 모든 기억 자료에 지배권을 행사해야 한다. 그러나 다른 한편으로 보면 개별적 정신의 경로들로 많은 양의 에너지를 보내는 것은 불필요한 낭비일 것이다. 그렇게 전달된 에너지 중 일부는 아무런 목적에 이바지하지 못하고 흘러넘칠 것이며, 따라서 외부 세계의 변화에 사용될 에너지의 양을 줄이는 결과를 낳을 것이기 때문이다. 그래서 나는 합목적성을 고려해 두 번째 체계가 점령 에너지 중 상당 부분을 잠자는 상태로 유지하고 전이엔 작은 부분만을 사용한다고 가정한다.

이 과정들의 메커니즘에 대해선 아직 나로서도 아는 바가 전혀 없다. 이 아이디어를 파고들기를 원하는 사람은 누구나 물리학적으로 이와 비슷한 것을 발견하려고 노력해야 하며, 뉴런(신경단위)이 자극을 받을 때 일어나는 운동의 과정을 보여줄 수 있는 길을 찾아야 한다.

나는 단지 다음과 같은 생각을 고수하고 있다. 첫 번째 체계의 활동은 흥분의 양이 자유롭게 흐르도록 하는 데 초점을 맞추고 있고, 두 번째 체계는 자체에서 나오는 에너지를 통해 이 흥분의 흐름을 억제하는 일에 초점을 맞추고 있다. 다시 말해, 두 번째 체계는 아마 수준을 높임으로써 움직이지 않는 에너지로의 변형을 낳을 것이다. 그러므로 나는 첫 번째 체계에서보다 두 번째 체계의 통제 아래에서 흥분의 흐름이 완전히 다른 역학적 조건에 처하게 된다고 짐작한다. 두 번째 체계는 일시적인 정신적 작업을 끝내고 나면 흥분의 저지와 정체를 제거하고 흥분이 운동성으로 흘러가는 것을 허용한다.

두 번째 체계가 이런 식으로 방출을 저지하는 것과 고통의 원리를 통한 규제 사이의 관계를 고려한다면, 아주 흥미로운 생각의 기차가 하나 모습을 드러낸다. 이젠 일차적인 만족 감정의 반대편 짝인 객관적인 공포 감정을 탐구할 때이다.

어떤 지각적 자극이 원시적인 정신 장치를 건드리면서 고통스런 감정의 원천이 된다. 그러면 이어 운동성 징후들이 불규칙하게 나타날 것이다. 그러다 이 운동성 징후들 중 하나가 정신 장치를 지각으로부터, 또 동시에 고통으로부터 떼어놓는다. 그러나 지각이 다시 나타나는 순간, 이 징후도 즉시 다시 나타날 것이며(아마 도망가는 움직임이 될 것이다), 그러다 다시 지각이 사라질 것이다. 그러나 고통의 원천에 대한 지각을 환각 또는 다른 형태로 점령하려는 경향은 전혀 남지 않을 것이다. 반대로, 일차적 정신 장치에 고통스런 기억의 그림이 일깨워지자마자 그것을 포기하려는 경향이 생길 것이다. 이 그림의 흥분이 넘칠 경우에 틀림없이 고통을 낳을(더 정확히 표현하면 낳기 시작할) 것이기 때문이다.

예전에 있었던 지각으로부터의 도피를 반복하는 것에 지나지 않는, 기억으로부터의 이탈은 지각과 달리 기억은 의식을 자극하여 새로운 에너지를 끌어들일 수 있는 특성을 갖고 있지 않다는 사실 때문에 비교적 쉽게 이뤄진다. 이처럼 정신 과정이 예전의 고통스런 기억으로부터 쉽게, 또 정기적으로 이탈할 수 있다는 사실이 정신적 억압의 첫 번째 모델을 우리에게 제시한다. 일반적으로 알려진 바와 같이, 고통으로부터의 이 같은 이탈은 어른들의 정상적인 정신생활에서 쉽게 드러난다. 현실 도피자의 행태 중 많은 것이 그런 예이다.

따라서 첫 번째 체계는 고통의 원리 때문에 불쾌한 것은 무엇이든 정신적 연결 속으로 끌어들이지 못한다. 이 체계는 소망 외에는 아무것도 다루지 못한다. 만약에 이게 사실이라면, 경험에 의해 축적된 모든 기억을 두루 마음대로 이용할 수 있어야 하는 두 번째 체계의 정신 활동이 방해를 받을 것이다.

그러나 두 가지 길이 열려 있다. 두 번째 체계의 작업이 고통의 원리로부터 스스로 완전히 자유로운 상태에서 자체 코스를 밟으면서 아픈 기억에는 조금도 관심을 주지 않는 것이 한 가지 길이다. 다른 길은 두 번째 체계가 고통의 기억을 완전히 점령해 버림으로써 고통의 방출을 사전에 막는 것이다.

그럼에도 우리는 첫 번째 가능성을 배제한다. 왜냐하면 고통의 원리가 두 번째 체계의 감정 방출을 조정하는 역할까지 맡고 있기 때문이다. 따라서 우리는 두 번째 가능성에 주목한다. 바꿔 말하면, 두 번째 체계가 고통의 기억이 방출되지 못할 만큼 확실히 기억을 점령함으로써 고통의 발달에 필요한 기억 방출을 저지하는 것이 더 합당해 보인다. 따라서 두 개의 출발점, 즉 고통의 원리와 신경 에너지의 최소 소비의 원리로부터, 우리는 두 번째 체계를 통한 점령은 곧 감정 방출의 저지라는 가설을 끌어낸다.

그러나 억압 이론에 결정적으로 중요한 다음과 같은 사실을 잊지 않도록 하자. 두 번째 체계는 어떤 관념을, 단지 그 관념으로부터 나오고 있는 고통의 발달을 저지할 수 있는 위치에 있을 때에만 점령할 수 있다는 사실을. 이 저지로부터 벗어나 있는 모든 것은 두 번째 체계가 접근할 수 없는 상태에 있으며, 그것들은 곧 고통의 원리 때문에 버려지게 된다.

그러나 고통을 억제하는 것이 완벽해야 할 필요는 없다. 고통은 언제든 다시 시작할 수 있어야 한다. 이유는 그것이 두 번째 체계에게 기억의 본질에 대해, 또 기억이 마음이 추구하는 목적에 그릇 적용되고 있는지에 대해 알려줄 것이기 때문이다.

첫 번째 체계에 의해서만 허용되는 정신 과정을 일차적 과정이라고 부르고, 두 번째 체계의 억제로 인해 생겨나는 정신 과정을 이차적 과정이라고 부를 것이다. 나는 또 다른 관점에서 두 번째 체계가 일차 과정을 바로잡아야 하는 목적을 보여줄 것이다.

일차 과정은 그런 식으로 축적된 흥분의 전체 양으로 하나의 지각 정체성을 확립하기 위해 흥분의 방출을 꾀하고, 이차 과정은 이런 의도를 포기하고 대신에 하나의 사고 정체성을 일으키는 과제를 맡는다. 모든 사고는 단지 하나의 목적 표상으로 여겨지는 만족의 기억에서부터 동일한 기억의 똑같은 점령까지 이어지는 하나의 우회 경로에 지나지 않으며, 이때 동일한 기억의 똑같은 점령은 운동 신경의 경험들이 일어나는 경로 위에서 이뤄진다.

사고의 상태는 표상들의 강도에 현혹되지 않은 가운데 표상들 사이의 연결 경로들에 관심을 가져야 한다. 그러나 표상들에게 일어나는 압축과 절충 형성 등이 앞에서 말한 목적 정체성을 이루는 것을 방해하고 있는 것이 분명하다. 압축과 절충 형성 등은 이 관념을 다른 관념으로 대체함으로써, 그렇지 않았더라면 원래의 관념으로부터 계속되었을 경로에서 벗어난다. 그래서 이 과정들은 이차적 사고에서 조심스럽게 기피된다.

고통의 원리가 정신의 흐름이 사고 정체성을 쫓아서 앞으로 나아가는 것을 방해하는 현상을 이해하는 것도 그리 어렵지 않다. 어떤 의미에서 보면, 고통의 원리가 이 정신의 흐름에 대단히 중요한 출발점을 제시한다. 따라서 사고 과정은 고통의 원리에 의한 배타적 조정으로부터 스스로 자유로우려는 경향을 보여야 할 뿐만 아니라 마음의 작동을 통해서 감정의 발달을 하나의 신호로서 필요한 최소한의 수준으로 제한해야 한다.

이런 식으로 정신 작용이 정교해질 수 있었던 것은 최근에 의식이 에너지를 과도하게 점령한 결과임에 틀림없다. 그러나 이런 정교함은 정상적인 정신생활에서조차도 완벽하게 성공적으로 발휘되기 힘들며, 또 우리의 사고들은 고통의 원리의 간섭으로 인해 언제든 왜곡될 위험에 처해 있다.

그러나 이것은 정신 장치의 기능적 효율성을 망가뜨리지 않으며, 오히려 이차적 정신 작업의 재료가 될 생각들이 일차적 정신 과정 속으로 들어갈 수 있도록 만든다. 이 공식을 빌리면, 꿈과 히스테리 증후를 낳는 과정을 묘사할 수 있다.

정신이 기능적으로 불충분한 것은 인류 진화의 역사에서 비롯된 두 가지 요소가 결합된 결과이다. 그 요소들 중 하나는 오직 정신 장치에만 속한 가운데 두 가지 체계의 관계에 결정적 영향력을 행사하는 반면, 다른 한 요소는 불규칙적으로 작동하면서 유기체에서 생긴 원동력을 정신생활로 끌어들이고 있다. 두 가지 요소는 모두 어릴 적 삶에서 비롯되며, 우리의 정신과 신체가 어린 시절 이후로 변화를 겪은 결과이다.

정신 장치 안에서 일어나는 정신 과정들 중 하나를 일차적 과정이라고 부르는 데는 그만한 이유가 있다. 우선순위나 능력뿐만 아니라 학명(學名)에서 차지하는 위치까지 고려해서 그렇게 부른다. 우리가 아는 범위 안에서 보면, 일차 과정만을 갖고 있는 정신 장치는 절대로 없다. 일차 과정은 정신 장치에 처음부터 존재하는 반면, 이차 과정은 삶을 사는 동안에 점진적으로 발달하면서 일차 과정을 저지하거나 가리며, 인생의 절정기에만 아마 일차 과정을 완전히 지배할 것이다.

이렇듯, 이차 과정은 늦게 나타난다. 그 때문에 무의식적 소망 감정들로 이뤄진, 우리라는 존재의 핵심은 전의식에 포착되지도 않고 억제당하지도 않으며, 전의식의 역할은 무의식에서 비롯되는 소망 감정들에게 가장 적합한 경로들을 암시하는 것으로 철저히 제한된다. 이 무의식적 소망들은 그 이후의 모든 정신적 노력을 위해 어떤 충동을 확립하고, 그러면 이어지는 모든 정신적 노력은 이 충동을 따르고 가능하다면 그 코스에서 벗어나 더 높은 목표를 추구해야 한다. 전의식을 점령하는 것이 이런 식으로 지체된 결과, 광범위한 기억 자료가 접근 불가능한 상태로 남아 있다.

유아기 삶에서 비롯되고 있는, 파괴할 수도 없고 억제할 수도 없는 이 소망 감정들 중에 성취될 경우에 이차적 사고의 목적 표상들과 모순 관계에 빠지게 되는 소망들도 있다. 이런 소망들이 성취되면 쾌락은 더 이상 일어나지 않고 고통이 일어난다. 우리가 '억압'이라고 부르는 것의 본질이 바로 이런 감정 변화이다. 억압에서 우리는 유아기에 악의적인 판단을 내리거나 이성을 통해 거부한 것들의 흔적을 확인한다.

어떤 방식으로, 또 어떤 원동력을 통해 그런 변화가 일어날 수 있는지를 조사하는 것이 억압 문제에 대단히 중요하지만, 여기서는 대략 훑기만 하면 된다. 그런 감정의 변화가 발달 과정에 일어나며 (원래 없었던 혐오감이 유아기에 나타났다고 생각할 수 있다), 그 변화가 두 번째 체계의 활동과 연결되어 있다고 언급하는 것으로도 충분하다.

무의식적 소망이 감정 방출을 야기한 기억들은 그때까지 전의식에 접근한 적이 없었다. 이 때문에 이 기억들의 감정 방출을 저지할 수 있는 길은 없다. 이 기억들이 자체의 소망의 힘을 전이한 전의식의 사고에 지금도 접근하지 못하고 있는 것은 바로 이 감정 발달 때문이다. 반대로, 고통의 원리가 끼어들면서 전의식이 이런 전이된 사고들로부터 벗어나도록 유도한다. 그러면 홀로 남게 된 전이된 사고들은 이제 '억압'된다. 따라서 처음부터 전의식으로부터 단절

되어 있던, 유아기의 기억 창고가 억압의 예비적 조건이 된다.

아주 호의적인 경우에, 에너지가 전의식의 전이된 생각들로부터 철수하는 순간, 고통의 발달이 종식된다. 이 같은 효과는 고통의 원리가 개입하는 데도 합목적적 성격이 작용한다는 점을 보여준다. 그러나 억압된 무의식적 소망이 조직적으로 강화를 받게 된다면, 이야기는 달라진다. 이런 식으로 전개된다면, 무의식적 소망은 전이된 사고들에게 그 강화를 빌려줄 수 있고, 그러면 전이된 사고들은 이 강화로 인해 생긴 흥분을 바탕으로 침투를 꾀할 것이다. 전이된 사고들이 전의식의 점령에 의해 포기된 뒤에도, 이런 유기적 강화는 가능하다.

그러면 이제 방어를 위한 투쟁이 벌어진다. 전의식이 억압된 관념들에 대한 적대를 강화하고, 이어서 전이된 사고들(무의식적 소망을 싣고 있음)이 절충 형식으로 증후의 형성을 통해 침투를 꾀하는 것이다. 그러나 억압된 사고들이 무의식적 소망 감정에 의해 강력하게 점령당하면서 전의식의 점령으로부터 버려지는 순간부터, 억압된 사고들은 일차 정신 과정에 복종하며 오직 운동성 방출만을 꾀하거나 아니면 경로가 자유롭게 열려 있을 경우에 원하는 지각 정체성을 환각적으로 부활시키려 노력한다.

우리는 여기 묘사한 '부정확한' 과정들이 억압 상태에 있는 생각들과 함께 작동한다는 것을 경험을 통해 알고 있다. 지금 우리는 이 연결의 또 다른 부분을 파악하고 있다. 이 부정확한 과정들은 정신 장치에서 중요한 과정들이다. 전의식의 점령으로부터 버려져 홀로 남게 된 생각들이 무의식으로부터의 방출을 꾀하면서 스스로 에너지를 무한정 채울 수 있게 되는 곳마다, 이런 부정확한 과정들이 나타난다.

'부정확한'이라는 형용사가 붙은 이 과정들은 일상의 사고가 결함을 안고 있다는 점을 보여주는 것이 아니라, 정신 장치가 억제에서 풀려날 때 보이는 활동 유형이라는 점을 뒷받침하는 관찰을 몇 가지 보도록 하자. 예를 들면, 전의식의 흥분이 운동성으로 바뀌는 것도 똑같은 과정에 따라 일어난다. 또 전의식의 표상들과 언어가 연결되는 것도 부주의의 탓으로 돌려지는 치환과 혼합을 그대로 보여준다. 마지막으로, 나는 작업의 증대가 이런 일차 과정들의 억제에 따른 결과라는 점을 뒷받침하는 증거를, 다음과 같은 사실로부터 끌어내고 싶다. 이 사고의 흐름들이 의식에 닿도록 허용할 경우에, 우리가 어떤 '희극적 효과'를, 말하자면 웃음을 통해 방출될 어떤 잉여를 얻는다는 사실 말이다.

정신신경증 이론은 유년기의 삶에서 비롯된 성적 소망 감정만이 어린 시절의 발달 기간에 억압(감정적 변형)을 경험한다고 강력히 주장한다. 이 성적 소망 감정은 그 후의 발달 시기에도 다시 일어날 수 있으며, 그러면 성적 소망 감정은 성적 성향의 결과로, 혹은 성생활의 부정적인 영향의 결과로 되살아나는 능력을 갖게 된다. 여기서 말하는 성적 성향은 원래 양성애의 특성에서 비롯된다.

이리하여 성적 소망 감정은 온갖 정신신경증 증후의 형성에 필요한 원동력을 제공하게 된다. 억압 이론에서 아직도 여전히 확인되는 간극을 메울 길은 이 성적 힘들을 받아들이는 것밖에 없다.

성(性)과 유년기에 관한 주장이 꿈의 이론에도 그대로 통하는지에 대해선 결론을 내리지 않은 상태로 남겨두고 싶다. 이 부분을 미해결 상태로 남겨두는 이유는 내가 꿈 소망은 반드시 무의식에서 비롯된다고 주장하면서 이미 증명 가능한 범위를 벗어나 버렸기 때문이다.

나는 또 꿈 형성과 히스테리성 증후의 형성 사이의 차이에 대해서도 추가로 검토하지 않을 것이다. 그렇게 하려면 먼저 비교 대상이 될 증후들에 관한 지식이 더욱 확실해져야 하기 때문이다.

그러나 나는 다른 어떤 사항을 아주 중요하게 여기며, 나 자신이 여기서 두 가지 정신 체계와 그것들의 작동방식, 억압에 관해 논하기로 한 것은 바로 그것 때문이라는 점을 고백한다.

지금 내가 탐구의 대상으로 삼은 심리학적 관계들을 대체로 정확하게 이해했는지, 아니면 그런 어려운 문제에서 흔히 일어나듯 잘못 이해하거나 단편적으로만 이해하고 있는지는 그리 중요하지 않다. 정신적 검열관에 대한 해석과 꿈 내용의 정확한 퇴고(推敲)나 비정상적인 퇴고에 대한 해석에는 어떤 변화든 일어날 수 있다. 그럼에도, 그런 과정들이 꿈 형성에 작용하고, 또 기본적으로 그런 과정들이 히스테리성 증후의 형성에서 관찰되는 과정들과 매우 많이 닮았다는 사실만은 그대로 남을 것이다.

꿈은 병적인 현상이 아니다. 꿈은 정신적 기능의 약화를 초래하지 않는다. 나의 꿈과 신경증 환자들의 꿈으로부터 건강한 사람들의 꿈에 관한 어떤 추론도 끌어낼 수 없다는 식의 반대는 일고의 가치가 없다. 현상으로부터 그 현상의 원동력에 관한 결론을 끌어내려 노력할 때, 신경증이 이용한 정신 메커니즘은 정신생활의 병적 장애에 의해 창조된 것이 아니고 정신 장치의 정상적인 구조 안에서 발견된다는 사실이 확인된다.

두 가지 정신 체계와 두 체계 사이를 넘나드는 검열관, 어느 한 행동이 다른 행동을 저지하거나 은폐하는 현상, 두 체계와 의식의 관계 등은 모두 우리의 정신적 도구의 정상적인 구조에 속한다. 그리고 꿈은 우리들에게 이 구조에 관한 지식을 얻을 수 있는 길을 하나 제시한다. 만약에 우리의 지식 외에 완벽하게 확립된 최소한의 것으로만 만족하기를 원한다면, 이런 식으로 말할 수 있다. 억압된 것들이 정상적인 사람의 내면에서 계속 존재하며 정신적 활동을 할 수 있는 상태에 있다는 증거를 꿈이 제시한다고.

꿈 자체는 이 억압된 것들의 표현이다. 이론적으로, 이 말은 모든 꿈에 두루 통한다. 실제 경험에 따르면, 적어도 꿈 생활의 두드러진 특징을 분명히 드러내는 많은 꿈의 경우엔 이 말이 진리이다. 깨어 있는 상태에서 모순된 것들이 서로 반대 방향으로 조정함에 따라 표현의 길도 막히고 내부 지각에도 차단되는 억압된 정신적 자료는 밤 동안에 절충 형성을 통해서 의식에 참견할 길과 수단을 발견한다. 베르길리우스(Vrigil)의 '아이네이스' 에 이런 구절이 있다.

"하늘의 뜻을 바꿀 수 없다면, 지옥을 움직이리라."

여하튼 꿈의 해석은 정신생활 중에서 무의식을 아는 왕도이다.

꿈의 해석을 추구하면서 우리는 정신적 도구 중에서 가장 경이롭고 가장 신비로운 도구의 구조를 이해한다는 목표를 향해 얼마간의 진전을 이루었다. 분명히 말하지만, 우리는 그리 멀리 나아가지 못했다. 하지만 우리가 소위 병적 형성들에 대한 분석에서 벗어나 무의식의 분석으로 한층 더 깊이 들어가도 좋을 정도의 성과는 이뤘다.

적어도 기능성이라 불릴 수 있는 질환은 정신 장치의 파손이나 내부의 새로운 균열 때문에 일어나는 것이 아니다. 그보다는 힘들이 서로 작용할 때 구성 요소들이 강화되거나 약화되는 현상을 빌리면 기능성 질환을 역동적으로 설명하는 것이 가능해진다. 정상적인 기능에서 이 힘들에 의해 매우 많은 활동이 가려진다. 정신 장치가 두 개의 체계로 이뤄진 것이 정상적인 활동에 한 가지 체계만으론 불가능했을 정교함을 어떤 식으로 허용하는지에 대해 우리는 다른 곳에서 설명할 것이다.

9장

무의식과 의식—현실

보다 면밀히 조사하면, 정신 장치의 운동신경 종말판 가까운 곳에 두 개의 체계가 존재하는 것이 아니라 두 가지 종류의 과정 또는 유형의 감정 방출이 있다는 것이 발견된다. 앞 장에서 심리학적으로 설명한 것이 바로 이 가설이다.

그래도 우리에겐 어느 쪽이든 아무 차이가 없다. 왜냐하면 우리는 임시적인 이론을 미지의 현실에 보다 가까이 다가선 이론으로 대체해야 하는 상황에 처할 경우에 언제든 임시 이론을 버릴 준비가 되어 있기 때문이다.

이제는 두 개의 체계를 같은 정신 장치 안에 있는 두 개의 지점처럼 본 까닭에 그릇 형성되었을지 모르는 몇 가지 관점을 바로잡도록 하자. '억압'이나 '침투' 같은 용어에 그 흔적을 남기고 있는 관점들이 그런 예들이다. 한 예로, 우리가 무의식적인 어떤 생각이 조금 뒤에 의식에 침투하기 위해 전의식 속으로 옮겨가려고 노력한다고 말할 때, 그것은 두 번째 생각이 형성되어 새로운 장소에 자리 잡는다는 뜻으로 하는 말이 아니다. 또 우리가 무의식의 생각이 의식 속으로 침투한다고 말할 때, 우리는 장소의 변화가 떠오르지 않기를 조심스럽게 바란다.

전의식의 생각이 억압된 뒤에 무의식에 흡수된다고 말할 때, 영토를 노린 투쟁에서 차용한 용어들 때문에 정신의 어느 지점의 배열이 깨어지고 다른 장소에 새로운 배열이 생기는 것처럼 여겨지기 쉽다.

이런 비교들을 실제 상황과 더 잘 맞는 것으로 대체하기를 원한다면 이런 식으로 말하면 된다. 정신적 형성이 어떤 체계의 지배 아래에 놓이거나 그 체계의 지배에서 벗어나도록 하기 위해, 에너지 점령이 어떤 배열로 옮겨지거나 어떤 배열로부터 철수한다고.

여기서 다시 우리는 장소를 암시하는 표현 방식을 역학관계를 암시하는 표현 방식으로 바꾸고 있다. 우리에게 이동하는 요소로 보이는 것은 정신적 형성이 아니고 정신적 형성의 신경 에너지이기 때문이다.

그러나 나는 두 가지 체계를 설명하는 개념에 관심을 더 많이 쏟는 것이 적절하고 또 합당하다고 생각한다. 다음과 같은 사실을 명심한다면, 이 같은 표현 방법을 잘못 이해하는 실수를 피할 수 있을 것이다. 즉 표상들과 생각들, 그리고 정신적 형성들은 일반적으로 신경계의 장기(臟器)적 요소들 안에 자리잡고 있는 것이 아니라, 말하자면 그 요소들 사이에, 말하자면 저항들과 경로들이 표상과 생각, 정신적 형성에 따라 상관물을 형성하는 곳에 자리잡는다는 사실을 기억하는 것이 중요하다.

내부 지각의 대상이 될 수 있는 모든 것은 광선의 통과로 인해 망원경에 생기는 이미지처럼 가상적이다. 그럼에도, 자체에 정신적인 것을 전혀 갖고 있지 않고, 또 우리의 정신적 지각에 절대로 닿지 않는 체계들, 말하자면 이미지를 그리는 망원경의 렌즈에 해당하는 체계들이 존재한다고 가정하는 것은 타당하다. 이 비유를 계속한다면, 두 체계 사이에 존재하는 검열관은 빛이 새로운 매체를 통과하는 동안에 일어나는 굴절에 해당한다.

지금까지 우리는 각자의 책임 하에 심리학을 다듬어 왔다. 이젠 현재의 심리학을 지배하고 있는 이론적인 의견들을 검토하고, 그 이론과 우리 이론의 관계를 분석할 때이다. 테오도르 립스(Theodor Lipps)의 권위 있는 논평에 따르면, 심리학에서 무의식의 문제는 심리의 문제라기보다 심리학의 문제이다.

심리학이 무의식의 문제에 대해 '심리적인 것'은 '의식적인 것'이며 '무의식적인 심리적 사건'은 명백한 모순이라는 식으로 말만 앞세운 설명에 만족하는 한, 의사가 비정상적인 정신 상태를 관찰하면서 얻은 결과들에 대해 심리학적으로 평가를 내리는 일은 불가능할 수밖에 없다.

의사와 철학자가 의견의 일치를 보이는 길은 딱 하나밖에 없다. 둘 다 무의식적 정신 과정들도 '어떤 확고한 사실을 표현하는 방법으로 적절하고 타당하다'는 점에 동의해야 한다. 그러면 의사는 '의식이 심리에 필요불가결한 특성'이라는 주장을 부정하지 않을 수 없을 것이다. 그럼에도 의사가 철학자들의 말에 대해 존경심을 여전히 강하게 품고 있다면, 의사는 자신과 철학자들이 똑같은 주제를 다루지 않고 또 똑같은 과학을 추구하고 있지 않다고 단정하면 그만이다.

신경증 환자의 정신생활을 단 한번만이라도 지적으로 관찰한다면, 또 꿈의 분석을 한번만이라도 해 본다면, 의사는 그 사람의 의식이 전혀 자극을 받지 않은 가운데서도 대단히 복잡하고 정확한 정신적 활동이 일어날 수 있다는 확신을 틀림없이 품게 될 것이다. 이런 무의식적 과정이 커뮤니케이션이나 관찰을 가능하게 할 정도로 의식에 영향을 미치기 전까지, 의사가 그 과정에 대해 아무것도 배우지 못하는 것은 사실이다. 그러나 의식에 나타나는 이런 효과는 무의식적 과정과 크게 다른 정신적 성격을 보여줄 것이다. 따라서 내부의 지각은 의식적 과정을 무의식적 과정의 대체물로 인식하지 못한다.

의사는 추론 과정을 빌려서 의식에 나타난 효과를 바탕으로 무의식적 정신 과정까지 파고들 권리를 스스로 지켜야 한다. 이런 식으로, 의사는 의식에 나타나는 효과는 무의식적 과정의 정신적 산물에 지나지 않는다는 것을, 또 무의식적 과정은 그 자체로 의식적이지 않다는 것을 배울 것이다. 또한 무의식적 과정은 의식에 스스로를 어떤 식으로도 노출시키지 않고도 잘 존재하며 활동도 잘 한다는 사실을 배울 것이다.

정신의 활동에 대한 정확한 통찰을 얻기 위해선, 의식의 능력을 과대평가하는 태도를 버리는 것이 반드시 필요한 조건이다. 립스의 말을 빌리면, 무의식을 정신생활의 전반적인 바탕으로 받아들여야 한다. 무의식은 그 안에 의식이라는 작은 원을 포함하고 있는 큰 원이다.

의식적인 모든 것은 무의식 안에서 예비적인 단계를 거친다. 무의식은 의식의 이 예비적인 단계만으로도 하나의 정신 활동으로서의 가치를 충분히 주장할 수 있다. 더 정확히 말하면, 무의식이야말로 진정한 정신이며, 무의식의 내밀한 본질은 외부 세계의 본질만큼이나 우리에게 잘 알려져 있지 않다. 무의식은 의식의 자료를 통해서 우리에게 불완전하게 보고되고 있을 뿐이며, 이는 외부 세계가 우리의 감각 기관들의 암시를 통해 우리에게 전해지는 것과 똑같다.

의식적인 생활과 꿈 생활 사이의 케케묵은 대립 구도를 무너뜨리고, 무의식적인 정신에도 역할에 걸맞은 지위를 주도록 하라. 그러면 지금까지 전문가들을 괴롭혀온 일련의 꿈 문제들이 저절로 해결될 것이다. 한 예로, 우리의 감탄을 불러일으킨 꿈속의 활동 중 많은 것이 더 이상 꿈의 활동으로 여겨지지 않고 무의식적 사고의 활동으로 여겨지게 된다. 이 무의식적 사고는 낮 동안에도 활동을 한다.

만약에 셰르너의 의견대로 꿈이 육체의 어떤 상징적 표현을 담아내는 것처럼 보인다면, 꿈은 성적 감정에 넘어간 무의식적 공상들의 작업이며, 이 공상들은 꿈을 통해서만 표현되는 것이 아니라 히스테리성 공포증이나 다른 증후로도 표현된다는 것을 우리는 알고 있다. 만약에 꿈이 낮의 활동을 계속하며 마무리를 짓고 심지어 소중한 영감까지 드러낸다면, 우리는 꿈에서 꿈 작업의 결과로, 그리고 마음 깊은 곳에 있는 모호한 힘들(예를 들면, 주세페 타르티니(Giuseppe Tartini)의 소나타 꿈(주세페의 소나타 '악마의 트릴'은 악마가 나타나는 꿈을 꾼 뒤에 작곡한 작품이라는 이야기가 전해온다/옮긴이)에 등장하는 악마)의 도움을 받은 결과로 생기게 된 꿈 위장을 걷어내기만 하면 된다. 지적인 작업은 낮 동안에 그런 임무를 수행하는 똑같은 정신적 힘들의 노력으로 돌려져야 한다.

지적 및 예술적 산물을 대할 때에도 우리에겐 그 산물의 의식적 성격을 지나치게 높이 평가하는 경향이 있다. 그럼에도 문학과 예술, 과학 분야 등에서 대단한 명성을 떨치고 있는 인물들, 예를 들어 괴테와 헬름홀츠(Hermann von Helmholtz: 1821-1894)의 이야기를 통해 그들의 창작 중에서 가장 근본적이고 독창적인 부분이 영감의 형식으로 거의 완성된 형태로 지각에 닿는다는 사실이 확인된다. 정신적인 힘들이 조화롭게 노력을 펼친 다른 예들에서도 의식적인 활동이 보조의 역할을 한다고 해도 전혀 이상할 게 없다. 따라서 의식의 활동이 관여하는 곳마다 의식이 다른 모든 활동들을 가리고 숨기도록 내버려두는 것은 대단히 잘못된 조치가 아닐 수 없다.

꿈의 역사적 의미를 특별한 주제로 다루는 것은 그리 가치 있는 일이 못될 것이다. 예를 들어서, 추장이 꿈을 통해 대담한 과업을 벌이라는 '계시'를 받고 이 과업의 성공이 역사를 바꾸는 결과를 낳는 곳에선, 특별한 힘으로 여겨지는 꿈이 그보다 더 익숙한 다른 정신적 힘들과 맞서는 한에서만 새로운 문제가 일어난다. 그러나 꿈을 낮 동안 저항에 봉착해 눌려 있다가 밤이 되어 깊은 곳의 감정적인 힘들로부터 지원을 받게 된 감정들이 스스로를 표현하는 한 형식으로 받아들이기만 하면, 이 문제는 사라진다.

그럼에도 고대인들이 꿈을 대단히 존경한 것은 심리학적으로 정확한 추측에 바탕을 두고 있다. 고대인이 꿈을 소중하게 여긴 것은 인간의 마음속에 있는, 정복되지도 않고 파괴되지도 않는 그 무엇에 대한, 그리고 꿈 소망을 일으키는 악마 같은 그 무엇에 대한 경의의 표시였다. 이 악마 같은 것을 우리는 '우리의 무의식'에서 발견한다.

여기서 내가 '우리의 무의식'이라고 표현한 데는 그만한 이유가 있다. 우리가 말하는 무의식은 철학자들이 말하는 무의식과도 일치하지 않으며 립스의 무의식과도 일치하지 않기 때문이다. 철학자들이나 립스가 무의식이라는 표현을 쓸 때에는 단지 의식과 반대되는 것을 의미한다. 의식적인 정신 과정들 옆에 무의식적인 정신 과정들이 있다는 주장은 오래 전부터 뜨거운 논쟁을 불러일으키고 있는 문제이다.

립스는 이보다 훨씬 더 광범위한 이론을 제시하고 있다. 기본적으로 정신적인 모든 것은 무의식으로 존재하며 그 중 일부만 의식으로도 존재할 수 있다는 주장을 펴고 있는 것이다. 그러나 우리가 꿈의 현상과 히스테리성 증후의 형성을 연구한 것은 이 이론을 입증하기 위한 것이 아니었다. 정상적인 삶을 관찰하는 것만으로도 이 이론이 정확하다는 것이 의심의 여지없이 확인된다.

우리가 병적인 형성들을 대상으로 한 분석에서, 특히 그런 형성들의 첫 번째 구성원인 꿈의 분석을 통해서 새롭게 배운 사실은 무의식적인, 따라서 정신적인 것은 두 개의 분리된 체계들이 맡는 하나의 기능으로 일어나는 것이라는 점과, 무의식은 정상적인 정신생활에서도 무의식적인 것으로 일어난다는 점이다. 따라서 무의식에도 두 종류가 있지만, 아직 심리학자들에 의해 명확히 구분되지 않고 있다.

이 두 가지는 심리학적 의미에서 무의식이다. 그러나 우리의 의미에서 보면 우리가 무의식이라고 부르는 첫 번째 무의식은 의식이 될 수 없는 반면에, 우리가 '전의식'이라 부르는 두 번째 무의식은 감정을 싣고 있기 때문에 정해진 규칙을 준수하기만 하면 의식에 닿을 수 있다. 이 전의식은 아마 검열을 거치지 않고는 의식에 닿을 수 없지만 그래도 무의식 체계의 구애를 받지는 않는다.

검열관에 의한 변화에서 드러나듯이, 감정들이 의식에 닿기 위해서 일련의 사건들을 반드시 겪게 된다는 사실은 우리가 공간성을 이용해 비교하도록 만들었다. 우리는 두 체계의 상호관계와 두 체계와 의식의 관계를, 전의식 체계는 무의식 체계와 의식 체계 사이에 있는 칸막이와 비슷하다는 식으로 즐겨 묘사한다. 전의식 체계는 의식에 접근하는 것을 막을 뿐만 아니라 자발적 운동성으로 이어지는 입구를 통제하고 활동 에너지도 보낼 수 있다. 이 에너지의 일부가 바로 주의력이다.

우리는 또한 최근 정신신경증에 관한 글에 자주 등장하는 초(超)의식(superconscious)과 잠재의식의 구분을 피해야 한다. 이런 구분이야말로 정신과 의식을 동일시하는 관점을 강조하는 것처럼 비치기 때문이다.

한때 모든 것을 지배하는 만능의 힘을 지닌 것으로 여겨졌던 의식을 두루 살펴본 지금, 의식에게 남는 역할은 무엇인가? 정신적 특성을 지각하는 감각 기관의 역할밖에 남지 않는다. 의식적인 지각은 'Cons.'라는 약어가 어울리는 독립적인 어떤 체계의 특별한 활동으로 볼 수 있다.

이 체계는 구조적 특징이라는 측면에서 보면 지각 체계와 비슷하며, 따라서 이 체계는 특성에 의해 흥분될 수 있지만 변화의 흔적을 간직하지 못하는 것으로 여겨진다. 말하자면, 이 체계엔 기억력이 없다. 지각 체계의 감각 기관들을 가진 상태에서 외부 세계를 향하고 있는 정신 장치는 그 자체로 의식의 감각 기관에 외부 세계가 되며, 의식의 감각 기관이 어떤 목적을 추구한다고 보는 관점은 바로 이 관계를 근거로 하고 있다.

여기서 우리는 정신 장치의 구조를 지배하고 있는 것 같은, 체계들의 계승의 원리를 다시 맞닥뜨리고 있다. 흥분 상태의 자료는 양쪽으로부터 감각 기관인 의식으로 흐른다. 양쪽이란 지각 체계와 정신 장치 자체의 내부를 말한다. 이때 질적으로 결정된 지각 체계의 흥분은 아마 의식적인 지각이 될 때까지 새로운 '퇴고'를 거칠 것이다. 한편, 정신 장치 내부에서 비롯되는 양적 과정은 어떤 변화를 거치자마자 질적인 쾌락과 고통으로 지각된다.

의식의 협력 없이도 매우 복잡하고 정확한 사고 구조들이 가능하다는 것을 배운 철학자들은 의식의 덕으로 돌릴 수 있는 기능을 좀처럼 발견하지 못한다. 이런 철학자들에게 의식은 완벽한 정신 과정을 불필요하게 비추고 있는 체계처럼 보인다.

의식 체계를 지각 체계와 비슷한 것으로 보면 그런 낭패를 피할 수 있다. 우리의 감각 기관을 통한 지각은 주의력이 우리에게로 들어오는 감각 흥분이 퍼지는 경로들 쪽으로 향하도록 한다. 또 지각 체계의 질적 흥분은 정신 장치의 방출을 조절하는 요소로서 정신 장치의 운동량을 돕는다. 우리는 의식 체계의 감각 기관도 이와 똑같은 기능을 맡는다고 보아야 한다.

의식 체계의 감각 기관은 새로운 특성을 띰으로써, 운동성 점령의 양을 적절한 곳에 적절히 배분하는 일에 새롭게 기여하게 된다. 이 감각 기관은 쾌락과 고통의 지각을 통해 정신 장치 안에서 일어나는 점령의 경로에 영향을 미치는데, 이 점령의 경로는 평소에 양(量)의 이동을 통해 무의식적으로 정해진다.

고통의 원리가 가장 먼저 점령의 이동을 자동적으로 통제할 가능성이 있다. 그러나 앞에서 말한 특성들을 갖춘 의식이 보다 정교한 두 번째 통제를 실행하고 있을 가능성도 아주 크다. 의식의 통제는 심지어 첫 번째 통제와 반대 방향으로 이뤄질 수도 있다. 또 의식의 통제가 정신 장치를 점령을 추구하던 원래의 설계와 정반대의 위치에 서도록 만들고 또 고통의 해방과 연결된 것까지 발달시킴으로써 정신 장치의 작업 능력을 완벽하게 다듬을 가능성도 있다.

우리는 정신 장치의 기능적 활동 중에서 중요한 한 부분이 감각 기관들의 질적 흥분을 통해 그런 식으로 규제하는 것이라는 점을 신경심리학으로부터 배운다. 이런 현명한 규제에 의해, 고통의 원리의 자동적 통제와 고통의 원리와 연결된 정신적 능력에 대한 제한이 깨어지고, 그러면 이 현명한 규제는 다시 자동 작용이 된다.

이 대목에서 우리는 원래는 편의를 위한 것이었음에도 결국엔 해로운 방향으로 억제를 거부하고 정신의 지배를 거부하게 되는 억압은 지각보다 기억의 경우에 더 쉽게 이뤄진다는 것을 배운다. 이유는 기억의 경우에는 정신의 감각 기관들이 흥분하더라도 에너지 점령에 어떠한 증가도 일어나지 않기 때문이다.

거부된 어떤 생각이 억압에 굴복한 나머지 의식에 잡히지 않게 되기만 하면, 그 생각은 다른 경우에도 단지 그것이 다른 원인들로 인해 의식적 지각에서 벗어나 있다는 이유로 쉽게 억압된다. 환자를 치료하면서 이미 환자의 내면에 억압되어 있는 것들을 표면으로 끌어낼 때 이용하는 것들이 바로 이런 단서들이다.

의식의 감각 기관들이 운동성의 양을 조절하는 영향력에 의해 생기는 과잉 점령의 가치는 목적론적 연결 속에서 보면 일련의 특성들의 창조에 의해, 결과적으로 인간이 동물들을 지배할 수 있도록 만든 새로운 규제의 창조에 의해 가장 분명하게 드러난다. 정신 과정들이 원래 거기에 수반되었던 쾌락과 고통의 흥분 외에 어떠한 특성도 갖고 있지 않으며, 우리가 아는 바와 같이, 쾌락과 고통의 흥분마저도 사고를 방해할 가능성 때문에 억제되기 때문이다. 정신 과정들은 어떤 특성을 얻기 위해 인간의 내면에서 언어적 기억들과 연결되며, 이 언어적 기억들의 질적 잔재들은 의식의 주의를 끌기에 충분하다. 그러면 의식이 사고에 새로운 운동 에너지를 안겨주게 된다.

의식의 다양한 문제들은 모두 히스테리성 정신 과정을 분석하는 작업을 통해서만 검토될 수 있다. 이 분석으로부터, 우리는 전의식에서 의식의 점령으로 넘어가는 것도 무의식과 전의식 사이에서 벌어지는 검열과 비슷한 것을 거친다는 인상을 받는다. 이 검열도 마찬가지로 일정 수준의 양이 도달할 때에만 작동하기 시작한다. 그렇기 때문에 치열한 사고 형성들이 이 검열을 피하는 경우는 극히 드물다.

제한적인 상황에서 의식으로 침투하는 것뿐만 아니라 의식의 온갖 가능한 저지도 정신신경증 현상의 그림 안에서 발견되며, 이 모든 예들은 검열관과 의식 사이에 이중의 밀접한 연결이 있다는 점을 암시한다. 나는 그런 예를 두 가지 보고하는 것으로 이 심리학적 설명을 마무리지을 생각이다.

몇 년 전에 있었던 상담 사례이다. 지적이고 순진해 보이는 소녀 환자였다. 그런데 소녀의 복장이 참으로 이상했다. 여자들의 옷이라면 주름 하나까지도 가지런히 정리되어 있는 것이 보통이다. 그러나 이 소녀는 스타킹 한 쪽을 느슨하게 풀어놓은 상태이고, 허리 부분엔 단추 2개가 열려 있었다. 소녀는 한쪽 다리에 통증이 느껴진다고 호소하면서 내가 요구하지 않았는데도 다리를 벗어보였다. 그러나 소녀의 주된 불평은 자신의 몸 안에서 뭔가가 앞뒤로 찌르면서 이따금 몸을 전율하게 만든다는 것이었다. 이 때문에 전신이 뻣뻣하게 마비되는 경우도 간혹 있다고 했다.

이 이야기를 듣자마자, 상담에 참여했던 나의 동료가 나를 바라보았다. 소녀의 불평이 매우 솔직하게 들렸기 때문이다. 나와 동료의 눈엔 환자의 어머니가 그런 일을 대수롭잖게 여기고 있는 것이 이상하게 느껴졌다. 당연히 환자의 어머니도 딸이 묘사하는 그런 상황에 수시로 처했을 터인데도 말이다.

소녀로서는 자신의 말이 무슨 의미인지를 전혀 모르고 있었음에 틀림없다. 그 뜻을 알았다면, 그런 말을 결코 하지 않았을 테니까. 여기서 검열관이 보기 좋게 속아 넘어갔다. 그리하여 어떤 공상이 불평이라는 순진한 가면을 쓰고 의식에 닿는 것이 허용되었다. 그렇지 않았더라면 전의식에 그대로 머물렀을 공상이 말이다.

또 다른 예를 보자. 히스테리성 구토와 두통 등으로 고통 받던 열네 살 소년을 대상으로 정신분석 치료를 시작했다. 소년에게 눈을 감게 한 뒤에 머릿속에 떠오르는 이미지나 생각을 모두 말로 표현해 달라고 부탁했다. 소년이 이미지들을 묘사했다. 소년이 나에게 오기 전에 받은 마지막 인상이 그의 기억에서 시각적으로 되살아났다. 나를 찾기 전에 자기 삼촌과 바둑을 두었는데 지금 그 바둑판이 떠오른다는 것이었다. 소년은 자신에게 유리했거나 불리했던 수(手)에 대한 의견을 내놓았다.

그 다음에 소년이 머릿속에서 본 것은 바둑판 위에 놓인 단도였다. 아버지의 단도를 소년이 공상을 통해 바둑판으로 옮겨놓은 것이다. 다음에는 낫이 바둑판 위에 놓여 있는 것이 보였다. 그 낫 옆에 그것보다 훨씬 더 큰 낫이 놓여 있었다. 마지막으로 소년은 아득히 멀리 보이는 부모님의 집 앞에서 늙은 농부 같은 사람이 잔디를 깎는 모습을 보았다.

며칠 뒤, 나는 이 일련의 이미지들이 의미하는 바를 찾아냈다. 불편한 가족관계가 소년의 신경을 예민하게 만들었다. 소년의 어머니와 불행한 삶을 살았던 엄격하고 괴팍한 성격의 아버지, 아버지의 강압적인 교육 방식, 아버지와 섬세하고 다정했던 어머니의 별거, 어느 날 불쑥 젊은 여자를 집에 데려와 새엄마라고 소개하는 것으로 시작되었던 아버지의 재혼 등, 한마디로 아버지의 문제였다.

아버지가 새엄마를 데리고 온 며칠 뒤, 열네 살 소년에게 병이 생겼다. 이 그림들을 갖고 뜻이 분명한 암시들을 엮어낸 것이 바로 억눌려 있던, 아버지를 향한 분노였다. 암시들에 필요한 재료들을 내놓은 것은 신화에 관한 기억이었다.

낫은 제우스가 자기 아버지를 거세할 때 쓴 도구였다. 큰 낫과 농부처럼 생긴 사람은 자식들을 삼켜 제우스의 분노를 산 무서운 늙은이 크로노스를 상징했다. 아버지의 결혼은 소년에게 예전에 자신의 생식기를 갖고 장난치다가 아버지로부터 당한 위협과 비난을 갚을 기회를 제공했다(바둑판, 방해 받는 수(手), 사람을 죽이는 단검). 여기서 우리는 오랫동안 억압된 기억과 그 기억의 무의식적 잔재들이 무의미한 이미지로 변장한 채 우회 경로를 통해 의식 속으로 몰래 들어오는 것을 확인할 수 있다.

그렇다면 나는 꿈들에 관한 연구의 이론적 가치를 심리학 지식에 대한 기여와 신경증을 이해하기 위한 준비 작업이라는 측면에서 찾아야 한다. 현재의 지식 상태로도 정신신경증 치료에 행복한 결과를 얻고 있다면, 누가 정신 장치의 구조와 활동에 대한 완벽한 지식의 중요성을 예견할 수 있겠는가? 꿈들에 관한 연구는 정신에 관한 지식에, 그리고 개인의 성격의 은밀한 특성을 발견하려는 노력에 어떤 실용적 가치를 지니는가? 꿈에 의해 드러난 무의식적 감정들은 정신생활에서 진정한 힘들의 가치를 지니지 않는가? 지금 꿈들을 엮어내듯이 언젠가 다른 것들을 창조해낼 억압된 소망들이 지니는 윤리적 중요성을 우리는 가볍게 보아 넘겨야 하는가?

나 자신이 이런 질문들에 대해 대답하는 것은 적절하지 않다는 생각이 든다. 나는 꿈 문제의 이런 측면에 대해 별로 깊이 생각해보지 않았다. 그러나 나는 여하튼 로마 황제가 황제를 살해하는 꿈을 꾼 신하를 처형하라고 명령한 것은 잘못이라고 믿는다. 황제는 먼저 그 꿈의 의미를 발견하려고 노력해야 했다. 꿈의 의미가 겉으로 드러난 그대로가 아닐 게 거의 확실하기 때문이다.

심지어 다른 내용의 꿈이 황제에 대한 그런 범죄를 의미하는 것으로 해석된다 하더라도, 먼저 플라톤(Plato)의 말을 떠올리는 것이 현명한 처사다. 덕이 높은 사람은 사악한 사람이 실제 생활에서 하는 것을 꿈으로 꾸는 것으로 만족할 줄 알아야 한다고 플라톤은 말했다. 그러므로 나는 꿈에 자유를 허용하는 것이 최선의 방법이라는 의견을 갖고 있다.

무의식적 소망에 실체를 부여할 수 있는지, 할 수 있다면 어떤 의미에서 그렇게 할 수 있는지에 대해 나는 지금 당장 대답할 준비가 되어 있지 않다. 모든 전환과 중간의 사고들에겐 당연히 실체를 부정할 수밖에 없다. 우리 앞에 무의식의 소망이 너무나 명확히 표현되고 있다 하더라도, 정신적 실체는 한 가지 이상의 존재 형식을 갖는다는 점을 기억하는 것이 합당하다.

사람의 성격을 판단한다는 실용적 필요에는 행동과 사고의 의식적 표현만으로도 충분하다. 무엇보다 행동이 첫 번째로 꼽혀야 한다. 왜냐하면 의식을 뚫고 들어오는 충동들 중 많은 것이 행동으로 바뀌기 전에 정신생활의 진정한 힘들에 의해 무력화되어 버리기 때문이다. 정말로, 충동들이 앞으로 나아가면서 종종 어떠한 장애물도 만나지 않는 이유는 이 충동들이 뒤에 저항에 봉착하게 된다는 것을 무의식이 확신하고 있기 때문이다.

어쨌든, 미덕들이 자랑스럽게 싹을 틔울, 비옥한 토양과 친숙해지는 것은 바람직한 일이다. 고루한 우리의 도덕 철학을 통해 드러나듯이, 온갖 방향으로 역동적으로 움직이는 복잡한 인간의 성격이 단 하나의 수단으로 적응하는 경우는 극히 드물기 때문이다.

꿈이 미래에 대한 지식에 지니는 가치는 무엇인가? 물론, 이 질문은 고려의 대상이 되지 못한다. 미래에 대한 지식이 아니라 '과거에 대한 지식'이라고 표현하는 것이 더 타당하다. 꿈이 모든 의미에서 과거에서 비롯되기 때문이다. 분명히, 꿈이 미래를 펼쳐 보인다는 고대인들의 믿음이 전혀 터무니없는 것은 아니다. 꿈은 어떤 소망을 성취된 것으로 표현함으로써 우리를 틀림없이 미래로 안내한다. 그러나 꿈을 꾸는 사람에게 현재로 받아들여지는 미래는 결코 사라지지 않는 소망에 의해 과거의 모습과 비슷하게 다듬어진다.